떠나보낸
엘리제를 위하여

김계월 수필집

교음사

책을 내며

수필을 만났다. 작정하고 그의 세계로 따라 들어간 건 아니다. 문득 글을 쓰고 싶다는 마음이 생겼고, 어떻게 써야 하는지 고민하다가 도서관으로 갔다. 쓰고자 하는 글이 반드시 수필이어야 할 이유도 없었다. 어쩌다 '치유와 성장을 위한 수필창작반' 강의실 앞에서 발길이 멈추었다. 수업에서 이론을 다지고 여러 작품을 만났다. 어느 순간부터 수필의 향기가 느껴졌다. 향기는 은은한 여운을 남겼다. 무엇보다 길지도 짧지도 않은 아담한 체구가 맘에 들었다.

나중에 알았다. 얼마나 힘든 과정을 거쳐야 아담한 형태를 갖출 수 있는지 말이다. 어느 것 하나 뺄 수 없을 것 같은 이야기를 펼쳐놓고 하나씩 지우는 작업이 글쓰기라는 것을 깨달았다. 점점 담백해지는 글을 보며 삶도 그렇다고 생각했다.

3년이 흘렀다. 글감을 찾고 주제를 정하는 일, 문단을 나누는 법, 읽는 사람의 마음을 헤아리는 것까지 배웠다. 글을 쓰면서 나에게 집중했다. 지난날을 돌아보며 소중했던 순간을 찾아냈다. 어제를 돌아보며 괜찮은 자신이었다고 안아 주고, 앞으로도 그런 내가 될 수 있음을 다짐하는 의식과 같았다. 수필 쓰기가 어째서 치유와 성장을 이끄는지도 체험했다. 이야기가 예술이 되기 위해서는 진정성과 이해와 배려가 글의 바탕이 되어야 하기 때문이다.

책을 엮었다. 힘겹게 완성한 글 마흔다섯 편을 모았다. 제법 그럴싸한 글로 보였다가, 몽땅 삭제하고 싶을 만큼 부끄럽게 여겨질 때도 있었다. 짧은 기간에 쓴 글이라서 다져지지 못한 부분이 많다. 성장을 위한 기초라 생각하며 마무리를 했다.

계속 쓸 것이다. 쓰고 싶은 글의 형태나 색깔 같은 건 없다. 특별한 각오를 다질 일이 있겠는가. 글이 나를 찾아와 자유롭게 놀다 가도록 문을 열어 놓기만 하면 된다. 글감을 찾으며 뭔가를 자세히 관찰하는 습관이 생겼다. 추억이든 인간관계든 찬찬히 들여다보니 이해 못 할 것, 애틋하지 않은 것이 없었다. 어떤 부분은 아름답기까지 했다. 하마터면 놓칠 뻔한 소중한 일상을 기록하고 글로 남기는 일이 나의 글쓰기가 나아갈 방향이다.

감사한다. 칭찬에 감사한다. 문우들이 보낸 칭찬이 나를 흔들었다. 내가 좋아하는 일을 계속해도 괜찮을 것이라는 믿음을 갖게 했다. 초보자의 서툰 글이 세상에 나갈 수 있도록 길을 열어준 교음사 여러분과 늘 성원을 보내는 최남미 선생님께 깊이 감사드린다.

2023. 10. 저자 김계월

차례

2. 영화 속 그들처럼

3. 오래전 그 집

4. 숨바꼭질 정원

1

비로 남다

인생에는 구멍이 있고, 그것은 신도 어쩌지 못할 '틈새 자리'라고 말하고 싶다.
행복을 맛보라고 운명이 눈감아 주는 선물 같은 곳이다.
- 비로 남다 -

떠나보낸 엘리제를 위하여

첼리스트 요요마가 전 세계 사람들에게 감동을 주었다. 코로나19 백신을 접종하는 미국 매사추세츠주 한 대학 체육관에서 깜짝 연주회를 연 것이다. 그는 백신 2차 접종을 하러 오면서 첼로를 챙겨 왔다. 세계적인 연주가가 평범한 이웃 아저씨 같은 모습으로 마스크를 쓴 채 연주하는 모습이 방송을 탔다. 2021년 3월 13일에 있었던 일이다.

두려움이 켜켜이 쌓인 백신 접종 현장에서 바흐의 무반주 첼로 모음곡 1번과 슈베르트의 「아베 마리아」를 연주했다. 십여 분간의 연주가 끝났을 때 현장에 있던 사람들은 손뼉을 치며 환호했다고 한다. 백신을 맞으러 왔다가 거장을 만난 사람들은 얼마나 큰 위로를 받았을까.

음악은 다양한 형태로 인간에게 말을 걸어온다. 상처받

은 마음을 다독이고 실의에 빠진 가슴에 새 희망을 불어넣는다. 음악가는 음악이 인간에게 위로와 희망이 되도록 이끌어 준다. 세상이 한결 순하고 아름답도록 온갖 노력을 아끼지 않는다. 어쩌면 그들에게 주어진 재능은 타인을 위한 것이 아닐까 하는 생각을 해 본다. 나도 그런 재능을 얻으려고 부단히 애쓴 적이 있다.

초등학교 시절, 단짝 친구는 피아노를 배우러 다녔다. 교실에 있는 풍금으로 능숙하게 동요를 연주했다. 그런 친구가 부러웠다. 나는 꿈도 꿀 수 없는 일이었다. 대신 건반처럼 생긴 선풍기 버튼을 누르며 놀았다. 풍금을 치려고 교실 열쇠 당번을 도맡아 했다. 이른 시간에 텅 빈 교실에서 혼자 풍금을 쳤다. 오른손만으로 연주를 흉내 냈다.

대학에 들어가 아르바이트를 하며 피아노를 배웠다. 얼마나 열심히 했는지 기초 피아노 교본 「바이엘」을 한 달 만에 마쳤다. 학원 가기 전에 종이 건반을 방바닥에 펼쳐놓고 곡을 외울 때까지 쳤다. 속성으로 나가던 피아노 배우기는 곧 벽을 만났다. 「체르니 30」 중간쯤에서 손가락이 따라가지 못했다. 좌절을 맛보며 배우기를 중단했다. 뭐든지 속력을 내다 보면 다지기를 할 틈을 얻지 못한다는 것을 알게 되었다.

직장인이 됐을 때 잠자고 있던 소망이 꿈틀거렸다. 「엘리제를 위하여」를 칠 수 있을 만큼 다시 배우자는 바람이었다. 그러나 엘리제 근처에는 가지도 못하고 엄마가 됐다. 큰아이가 초등학교에 들어갈 때 피아노를 샀다. 말로는 아이를 위해 거금을 썼다고 했지만, 내 꿈이 피아노 주변을 맴돌고 있다는 것을 남들은 모른다. 선풍기 건반을 치던 내가 피아노를 샀을 때 이미 꿈을 이룬 듯했다. 피아노는 나에게 왔는데 엘리제는 여전히 먼 곳에서 나를 바라보기만 했다. 슈퍼우먼으로 살다 보니 정작 나를 위한 시간을 내지 못한 것이다.

해가 바뀔 때마다 가계부 첫 장에 소망을 썼다. '마흔이 되면 피아노를 배우겠다.'

나의 마흔이 어느 틈에 지나가 버렸는지 모를 정도로 일상은 숨이 가쁘게 돌아갔다. 또다시 엘리제를 빼앗기고 말았다.

퇴직했을 때 기회가 다시 달아날까 봐 조바심이 났다. 학원에 다니며 기초부터 다시 배우기로 했다. 이사 다닐 때마다 소중하게 챙겨 온 피아노 교본을 꺼냈다. 누렇게 바랜 책이 거울 속의 내 모습을 닮았다. 때 묻은 표지 곳곳에 긁힌 자국이 눈가의 주름살처럼 보였다. 더 늦기 전에 아름다운 엘리제를 내 손으로 불러들이겠다는 의욕이 용솟음쳤다.

어느 날 아침 집안일을 마치고 커피잔을 마주했을 때였다. 아파트에 피아노 소리가 울려 퍼졌다. 연주 소리는 웅장하고 화려했다. 어느 한 부분 끊김 없이 강물처럼 흘렀다. 커피 향을 뒤로 한 채 벌떡 일어섰다. 잘 들을 수 있는 데를 찾느라 벽 곳곳에 귀를 갖다 댔다. 화장실에 들어가니 가장 선명하게 들렸다. 불을 끄고 문을 닫은 채 욕조에 걸터앉아 음악 감상을 했다. 피아노를 전공하는 이웃집 학생의 연습 시간이었다.

연주회장 맨 앞줄에 앉아 있는 것 같았다. 화장실이 얼마나 훌륭한 감상실이 될 수 있는지 처음 알았다. 곡은 욕조에 물이 차오르듯이 좁은 공간을 채웠다. 쇼팽의 「즉흥환상곡」이 이어졌다. 깜깜한 화장실에서 천재 음악가를 만나는 기분이 어떤지 아는 사람은 별로 없을 것이다. 음악에 실려 하늘을 날아오르는 느낌이었다. 오직 나만을 위한 연주회라는 착각이 들 정도였다.

나는 피아노를 배우겠다는 계획을 수정했다. 「엘리제를 위하여」를 떠나보내기로 마음먹었다. 듣는 사람이 되기로 했다. 연주가들의 연주를 감상하고 내 안의 울림을 느끼는 것도 연주의 한 부분이라는 생각을 했다. 이후에도 한동안 화장실 연주회는 계속됐다. 그런 이웃 덕분에 참 행복한 시간을 보냈다.

인제 어디서든 떠나보낸 엘리제를 만날 수 있는 세상이다. 간직해 온 꿈은 접었지만 아쉬울 건 없다. 떠나보내도 떠나지 않는 엘리제가 늘 곁에 있으니 말이다.

요요마의 깜짝 연주회 영상을 다시 찾아보았다. 여전히 진한 감동이 밀려왔다.

그때 그랬더라면

델마와 루이스를 태운 자동차가 하늘을 날았다. 둘은 손을 잡고 외쳤다.

"우리 잡히지 말자, 밟아, 계속 가는 거야."

자동차는 절벽 끝에서 비상했다. 1991년에 개봉된 영화 「델마와 루이스」의 마지막 장면이다. 델마와 루이스는 친구 사이이다. 함께 떠난 여행길에서 루이스가 살인을 저지른다. 호신용 권총으로 델마를 폭행하고 성희롱하는 남자를 쏜 것이다. 강력범으로 수배를 받자 두 여자는 사막으로 도주한다. 경찰에 포위되어 절벽 끝으로 몰렸을 때 하늘을 향하여 가속 페달을 밟는다. 녹색 자동차가 하늘에 멈춰 선 마지막 장면은 인상적이었다. 일상에 젖은 수동성을 벗어 던지는 격변으로 보였다. 인간이 인간다운 삶을 살기 위해 지켜야 할 자유 의지에 관한 것이 아니었나 싶다.

택시가 건물 5층에서 도로로 추락해 신호 대기 중이던 차들을 덮쳤다. 택시 운전자는 사망했고 여럿이 다쳤다. 2021년 끝자락에 한 대형 할인점에서 생긴 일이다. 차는 출발 후 3초 정도 서행했다. 그러다 갑자기 속도를 내 벽으로 돌진한 것이다. 경찰은 급발진 같지는 않다고 했다. 택시가 외벽을 깨고 허공을 나는 영상이 뉴스에 반복적으로 나왔다. 화재로 엔진이 타버려 차의 결함을 알 수 없으며, 운전자의 약물 감정을 진행한다는 기사도 있었다.

TV 뉴스를 보는 동안 추락하는 택시와 오래전에 본 영화의 끝 장면이 머릿속에서 겹쳤다. 영화에서 그녀들의 차는 스크린 오른쪽으로 날아올랐다. 영화의 정신은 예술이 되어 관객의 가슴에서 영원히 산다. 델마와 루이스는 사라져도 배우들은 다시 일상으로 돌아온다. 택시는 화면 오른쪽 위에서 왼쪽 아래로 떨어졌다. 운전자는 문을 열고 나오지 못한다. 현실 같은 영화는 관객의 가슴에 감동적인 은유로 남았는데, 영화 같은 현실은 시청자의 뇌리에 공포를 새겨 넣었다.

사고 기사를 읽고 나서 묻어 둔 기억 하나를 꺼냈다. 영화나 뉴스에 등장할 만큼 거창한 것은 아니다. 그러나 몇 가지 가정법으로 그 일을 되뇌면 삶과 죽음은 늘 가까이 있는 게 아닌가 하는 생각을 하게 된다. 내 차 앞으로 사람이 지나갔다면, 주차해 있던 차 안에 사람이 타고 있었다면, 장애물 없이 아파트 1층

벽으로 돌진했다면, 바다를 면한 항구 주차장이나 가파른 고갯길 쉼터였다면, 그때 그랬더라면, 상상만 해도 고통스러운 기분이 밀려온다.

저녁 모임에 가려고 집을 나섰다. 남편이 운전석에 앉고 나는 옆자리에 탔다. 출고된 지 7년 된 소형차는 오래 입은 옷처럼 편안했다. 안전띠를 매고 시동을 걸었다. 오토 기어를 D단으로 옮기는 순간 굉음이 일었다. 이륙하는 비행기 엔진 소리 같았다. 고속으로 회전하는 거친 쇳소리를 내며 차는 직진했다. 차 안에 고무 타는 냄새와 희미한 연기가 차올랐다. 나는 '브레이크'를 외쳤고, 남편은 '안 먹혀'를 반복했다. 출발하는 소형차가 뜬금없이 같은 주차구역 맞은편에 세워져 있던 중형차를 들이받았다. 그러고는 큰 차를 뒤쪽 보행로 위로 깔끔하게 밀어 올렸다. 차는 외양간 문을 부수고 뛰쳐나와 행인에게 돌진하는 황소가 되었다. 화를 못 삭인 싸움소처럼 상대를 밀어내고 그 자리에 떡하니 들어가 식식댔다. 삽시간에 일어난 일이다.

밖으로 나온 우리는 맨 먼저 사람을 찾았다. 상대 차에 사람이 탔는지, 지나다가 벼락처럼 달려드는 차에 부딪혀 쓰러진 이가 있는지 살폈다. 천만다행으로 어디에도 사람이 없었다. 무의식적으로 몸을 움츠려서 그런지 우리 몸도 괜찮았다. 갑자기 소란이 일자 주민들이 여기저기서 내다봤다. 피해 차량은 앞 범퍼가 심하게 부서졌다. 내 차 왼쪽 이마도 참혹하게 일그러졌다. 사고를 치고 반성이라도 하는 듯이 진득한 검은 눈물을 질질 흘렸다. 두 대의 견인차가 달려왔고 보험사에서 나와 현장을 확인하고 갔다. 모두가 떠난 자리에 짙게 어둠이 깔렸다. 그만하길 다행으로 여기며 넋이 나간 모습으로 집에 들어왔다.

며칠 뒤 사고를 접수한 자동차 회사에서 조사를 나왔다. 단지 내에 설치된 CCTV를 돌려보았다. 운전자의 건강 상태도 물었다. 현장에서 내린 결론은 간단했다. 급발진은 아니며 일부 차량 결함이 인정되지만, 보증 기간이 지나서 피해 보상은 어렵다는 것이었다. 무엇보다 힘들게 한 건 운전 부주의를 의심하는 눈빛이었다. 눈빛에 담긴 의혹은 단순하고 진했다. '혹시 브레이크와 액셀러레이터를 혼동하지는 않았나요?' 그랬다손 치더라도 정상인 차가 시동을 걸자마자 7m를 움직여 괴력을 발휘한다는 것은 불가능한 일이다.

뉴스는 심심찮게 급발진이 의심되는 사고 소식을 전한다. 그러나 사고 원인은 늘 운전자 부주의 쪽으로 기운다. 심하게 다쳤거나 사망했을 그들이 무엇으로 사실을 증명할 수 있을까. 나처럼 무사했더라도 당시의 소름 끼치는 엔진소리와 무자비한 돌진의 원인을 어떻게 설명하란 말인가. 영화 속에서 델마는 방아쇠를 당긴 루이스에게 경찰서로 가자고 한다. 루이스는 거부하며 말한다.

"세상이 우리를 믿어주지 않아."

사후 약물 감정을 받은 택시 운전자에게 남은 건 무엇일까. 그날 내가 운전석에 앉지 않은 걸 그나마 다행으로 생각한다. 그랬다면 조사할 것도 없이 중년 여성의 운전 부주의라는 결론이

났을 것이니까 말이다.

과거 SF영화에나 나오던 자율주행 자동차를 향한 꿈은 실현됐다. 기계는 스스로 주변 사물을 인식하고, 첨단 센서가 사고를 방지해 안전 운행을 유도할 것이다. 저 혼자 운행하는 자동차를 타는 삶이 곧 일상이 된다고 한다. 현실이 되는 꿈에 간절한 소망을 끼워 넣는다. 언제 어디서나 진실을 알아채는 센서가 있었으면 좋겠다. 자동차에 몸을 싣고 하늘로 향하는 델마와 루이스의 진실이 있다. 벽을 뚫은 택시 운전자의 진실이 있다. 저 혼자 움직이는 자동차의 그것도 소중하긴 마찬가지다. 그런 센서의 출현을 기대한다.

망각을 지우는 계절

불꽃이 맹렬하다. 이미 타버린 검은 숲이 산기슭에 달라붙은 불기둥을 바라본다. 텅 빈 운동장을 가로지르는 시각생처럼 뒤늦게 분발하는 불꽃이 애처롭다. 숲길로 접어들었다가 적의 공격을 받아 불타버린 트럭, 장갑차, 탱크의 빛깔이 검다. 하늘에서 아무렇게나 뿌려놓은 벽돌같이 사방에 흩어진 쇳덩이는 침묵하는 고독이다. 우크라이나 북동부 이지움으로 향하던 러시아군은 우크라이나 특수부대 요원들의 저항에 말려서 몰살했다.

텔레비전 뉴스에 나온 사진은 한 장의 풍경화 같았다. 폭발하고 날아가고 불붙던 시간을 감춘 고적한 그림이다. 카메라는 잘려 나간 다리를 찾으며 애타게 엄마를 부르는 병사의 모습을 담지 못했다. 트럭 핸들을 잡은 채 교각 아래로 추락해 숨을 거두는 청춘은 사진 어디에도 없다.

비극의 흔적을 어루만지듯 뿌연 연기가 피어오른다. 연기는 생명체에서 빠져나온 넋을 품은 향연 같았다. 강 언저리에 기댄 끊어진 부교가 된서리 맞아 나동그라진 인생을 닮았다.

2022년 3월에 시작된 그들의 전쟁은 끝을 모르고 날마다 온갖 수치를 높인다. 사람이 죽고 탱크가 부서진다. 비행기가 땅으로 곤두박질치고 공장이 불탄다. 학교와 병원도 예외는 아니다. 피해가 늘어나는 만큼 피눈물 맺힌 절규가 빈 하늘을 떠돌 것이다.

푸틴은 전쟁 초기 '모병 연령 상한선 폐지' 법안에 서명했다. 그간의 병력 손실을 메우고 경험이 많은 의료진, 엔지니어, 통신 전문가들을 충원하려는 목적이 숨어 있다고 외신은 전했다. 2022년 말, 우크라이나 검찰청이 개전 후 민간인 피해 내용을 발표했다. 사망자 8천 3백 명, 부상자 1만 1천 명에 달했다. 전쟁 규모를 가늠할 수 있는 수치이다.

뉴스를 접하며 고통을 견뎌야 할 사람들 생각에 가슴이 먹먹했다. 먼 나라에서 벌어지는 일이다. 포성 한번 들은 적 없고, 전쟁에 나간 피붙이도 없다. 그렇다고 그들의 죽음과 이별과 상실에 대해 무관심할 수 있겠는가. 살아남기 위해 수많은 사람이 고향을 떠났다. 전장에서 최후를 맞은 사람들 시신이 끊임없이 고향으로 보내진다. 미처 피난을 가지 못한 사람은 전기와 수도가 끊긴 곳에서 굶주림과 싸우며 전쟁이 끝나기를 바라고 있다.

전쟁은 언제 어디서나 비슷한 옷을 입고 인간을 희롱한다. 일단 불붙은 전쟁은 인간의 이성으로 제어하기 어려운 미치광이로 변한다. 나의 아버지는 한국전쟁에 참전했다. 전쟁 중에 부대가 춘천 소양강 부근을 지날 때 목격한 일을 자식들에게 여러 번 들려줬다. 전장에서 떠내려온 아군과 적군의 시신이 낙엽처럼 강을 덮었다고 했다. 들을 때마다 몸이 오싹해졌었다.

참극을 겪은 나라에서 소설 같은 이야기를 들으며 자란 세대는 그것을 기억해야 한다. 전쟁의 희롱에 당하지 않으려면 어떤 형태로든 되새겨야 한다. 그 일은 각자의 뇌리에 비극에 대한 철학을 담는 일이기도 하다. 무엇보다 많은 이들이 남긴 피의 흔적을 기억해야 한다. 동시대를 건너는 지구촌에서 나와 상관없는 일이란 없다.

독일에서 태어난 에리히 마리아 레마르크는 십 대 끝자락에 육군에 소집되었다. 제1차 세계대전에 참전한 것이다. 그는 체험을 바탕으로 수많은 젊음이 전장에서 쓰러져 간 이야기를 소설로 남겼다. 『서부 전선 이상 없다』가 그것이다. 소설 속에서 열여덟 살의 학생들은 전쟁의 의미도 모른 채 참전한다. 삶이 무엇인지 배우기 전에 먼저 참혹한 죽음과 마주한 것이다. 자신을 향하여 시시각각으로 죄어들어 오는 죽음의 공포에 압도당한다. 작가는 학생을 사지로 몰아낸 어른이 강철 같은 청춘이라고 학생의 어깨를 다독이지만, 청춘은 포화와 맞서느라 집으로 돌아가기 전에 노인이 되었다고 썼다.

전쟁은 왜 시작되는지, 누구를 위한 것인지, 반드시 치러야 하는 전쟁은 있는지, 원론적인 질문과 답은 의미가 없다. 전쟁은 가장 잔인한 방법으로 인간성을 짓밟는다. 인간의 존엄과 품위를 진동하는 피비린내로 덮은 자에게 훈장을 수여한다. 레마르크는 이 작품에서 참전한 젊은이들을 전쟁으로 파괴된 세대라 했다. 이후 백여 년이 흐르는 동안 지구상에서 전쟁으로 파괴된 세대가 모습을 감추었던 적이 단 한 번도 없다는 사실이 비극이다. 흔히 '전쟁 같은'이라는 말로 형편없는 상황을 표현한다. 그러나 어떤 경우라도 전쟁과 견줄 만한 것은 없다고 생각한다. 전쟁과 비교해서도 안 된다. 오직 전쟁만이 전쟁이기 때문이다.

인류는 참혹한 전쟁에 1차, 2차, … 순서를 매겼다. 순서에 끼지도 못하는 전쟁은 또 얼마인가. 내성이 생겨 어떤 약도 소용없는 상처처럼 전투가 일상이 돼 버린 곳의 비명은 숨을 죽인 채 강으로 흐르고 구름으로 떠갈 뿐이다. 전문가들은 다양한 분석 자료를 내놓는다. 싸움판이 벌어지는 이유와 그 판이 거둬지지 못하는 것에 대하여 말이다. 그리고는 그뿐이다.

6월은 두 얼굴의 계절이다. 갖가지 초록이 장기자랑을 벌이고 형형색색의 꽃은 저마다 고운 얼굴을 내민다. 건기와 우기 사이에 펼쳐진 하늘은 흰 구름을 더욱 돋보이게 한다. 모내기를 마친 논에 내려앉은 백로 떼의 우아함에 이끌려 발걸음을 멈추고 마냥 바라보는 평화로운 계절이다. 한편 전쟁의 아픔을 되새겨야 하는 계절이기도 하다. 평화는 빼앗긴 젊음이 켜켜이 쌓여서 만들어진 주춧돌 위에 올려놓은 포도주잔이다. 잘 지켜내면 달콤한 생명의 빛을 지닌 포도주로 남지만, 그러지 못하면 포도주색을

띤 피로 주춧돌을 적시게 된다.

이 계절에 모든 불타는 것에 대하여 생각한다. 사라져간 젊음이 흘린 눈물과 피에 대하여 묵념을 올린다. 나의 부모님이 겪었던 6월도 얼마나 기막힌 계절인가. 현재 진행형인 모든 전쟁의 종말을 빈다. 전장에서 날개를 접은 자에 대한 예의로 맹렬한 불꽃에 대한 망각을 지우려 한다.

존경해요, 꼬꼬댁

초등학교 4학년 때 위인을 만났다. 위인은 주황색 갑옷을 입고 있었다. 월부 서적상이 가지고 온 『소년소녀세계위인전집』이다. 여섯 식구가 지내는 좁은 방 선반에 위인을 모셨다. 광부 사택 초라한 방이 환해졌다. 교과서가 전부였던 시절 어머니가 베푼 파격이었다.

그동안 많은 책을 만났다. 스쳐 지나간 사람을 다 기억하지 못하듯이 책도 그렇다. 몇몇은 감명 창고에 보관했다. 나머지는 어디로 갔을까. 흔적을 감춘 바람이 되었을 것이다. 떠도는 먼지로 날아간 것도 있겠다. 이따금 슬며시 다가와 등을 두드리는 책 속 인물을 만나면 잊고 지낸 친구를 본 듯 반갑고 뿌듯해진다.

스쳐간 바람이고 떠도는 먼지가 된 책이 남긴 말은 모두 하나같다. 복잡하지도 않다. '인간은 인간답게 살라'는 쉽고 간단한 말이다. 길섶에 핀 민들레는 민들레답다. 산을 지키는 소나무는 소나무답다. 쏟아지는 햇빛을 온몸으로 받는 바다가 여름 계곡의 시원한 물줄기를 탐한 적이 있던가. 자연은 언제나 자연답게 흘러간다. 거기 기댄 인간이 인간다워지는 길은 자연의 본성을 따르는 것이 아닐까 싶다.

몇 해 전에 겪은 일이다. 집 가까이에 작은 밭을 마련했다. 구석에 닭장을 지어 닭도 몇 마리 길렀다. 남편은 출근길에 그곳에 들러 그물망을 둘러친 풀밭에 닭을 풀어놓았다. 저녁때 닭장 안으로 몰아넣고 문을 잠그는 일을 내가 맡았다. 때로는 닭이 그물망 밖으로 날아올라 뒷산으로 탈출을 감행했다. 녀석들을 달래서 집으로 데려오는 일은 개울에서 맨손으로 송사리를 잡는 것만큼 어려웠다. 집 나간 닭을 찾아 우리에 가두고 나면 봄은 땀에 젖고, 팔다리는 나뭇가지와 들풀에 긁혀 쓰라리기 일쑤였다. 화난 얼굴은 서산을 넘는 고단한 해처럼 붉어졌다. '저놈의 닭'이라는 말이 수시로 튀어나왔다.

어느 날 낡고 쭈그러진 주전자에 물을 담아 들고 닭장으로 향했다. 여느 때 같으면 암탉이 날갯죽지 밑으로 병아리를 모으는 소리가 닭장 밖에까지 들렸을 것이다. 그날은 조용했다. 혹시 족제비가 왔었나 의심하며 조심스럽게 닭장 문을 열었다. 어미 닭과 병아리들이 구석에 몰려서서 나를 쳐다봤다. 잠시 후 구석에서 나온 암탉이 목털을 고슴도치처럼 활짝 폈다. 공격 자세다. 겁이 났다. 닭이 화나면 정말 무섭다.

목털을 세우고 날개를 편 암탉이 나무 벽 아래쪽으로 달려가 머리를 세게 들이받았다. 이어 꼬꼬댁 소리를 질렀다. 처음 보는 광경에 놀라 멍하니 서 있는 나를 암탉이 쳐다봤다. 닭은 뒤로 물러났다가 다시 벽 쪽으로 달려갔다. 먼저 머리를 들이받았던 곳에다 또 머리를 들이댔다. 내가 닭의 습성을 어느 정도 파악했을 시기다. 그러나 그 몸짓의 의미는 도무지 알 수 없었다. 안절부절못하고 닭장 안을 맴돌던 닭이 머리 받기를 한 번 더 반복했다. 퍼뜩 나에게 보내는 다급한 신호라는 생각이 뇌리를 스쳤다. 얼른 닭장으로 들어갔다. 암탉이 머리를 들이받은 곳을 살펴보았다. 벽과 안쪽으로 덧댄 나무판자 사이에 병아리 한 마리가 끼어 있었다. 희미하게 삐악거리는 소리가 났다. 잽싸게 발을 집어넣어 틈을 벌리고 병아리를 꺼내 어미 앞에 내려놓았다. 흥분이 가라앉은 닭이 병아리를 구석으로 데려갔다. 나는 커다란 벽돌을 가져다가 벽에 생긴 틈이 벌어지지 않도록 기대 놓았다. 그 사이 다른 병아리까지 모두 품속을 파고들어 어미는 인심 좋은 부잣집 마님처럼 보였다.

주전자를 들고 닭장 앞에 도착했을 때부터 급박한 상황을 수습하기까지가 현실 같지 않았다. 방금 일어난 일을 생각하니 새삼 가슴이 뛰었다. 단풍나무 그늘에 앉아 차분히 머릿속 필름을 돌려보았다. 진한 감동이 밀려왔다. 마님 같은 암탉을 꼭 안아주고 싶었다. 병아리가 언제부터 그러고 있었는지 알 길이 없다. 어미는 그동안 얼마나 가슴 졸였을까. 주인이 나타나면 위기 상황을 어떻게 알려야 하나 고민했으리라. 주인이 자신의 신호를 알아챌 수 있을지 걱정하며 속을 태웠을 것이다. 그랬을 암탉이 더할 나위 없이 예뻐 보였다. 한발 더 나아가 존경스러웠다.

그 일이 있고 얼마 지나지 않아 세간의 공분을 살 만한 사건이 발생했다. 거리를 헤매는 아홉 살 여자아이를 한 시민이 발견해서 경찰서에 데리고 갔다. 아이 몸은 온통 상처투성이였다. 부모에게 지속해서 학대받은 아이는 옆집과 연결된 지붕을 타고 탈출한 것이다. 경찰이 밝힌 부모의 행위는 입에 담기 힘들 만큼 잔혹했다. 당시 이웃 나라에서도 사람들을 경악하게 만든 사건이 일어났다. 엄마가 아이를 혼자 두고 8일간 여행을 다녀온 것이다. 아이의 마지막 날은 차마 글로 옮길 수 없다.

흔히 잔인하거나 야만적인 사람을 가리켜 '짐승보다 못한 인간'이라고 한다. 우리 주변에는 인간보다 생각이 깊고 행동이 바른 짐승이 많다. 나는 이번 일을 겪으며 짐승에 대하여 함부로 말을 내뱉는 건 옳지 않다고 생각했다. 그런 비유가 필요할 때는 '짐승에게 배워야 할 인간'이라는 말로 대신하면 어떨까.

내가 초등학교 때 만난 위인들이나, 긴 세월 동안 인연을 맺은 책이 남긴 말은 모두 같다. 인간은 인간답게 살라는 것이다. 인간다운 삶의 근본은 무엇인가에 대한 답을 구해본다. 내 기억 창고에 갈무리한 존경스러운 꼬꼬댁의 몸짓이 하나의 답을 알려준 듯하다.

좋은 결정

공원을 산책 할 때 일이다. 주차장에 노란색 어린이 버스가 도착했다. 네댓 살쯤으로 보이는 꼬마들이 차에서 내렸다. 조금 뒤 짝꿍과 손잡고 선생님을 따라 솔숲으로 들어왔다. 모두 녹색 반소매 티셔츠를 입은 모습이 무척이나 앙증스러웠다. 5월 첫 주, 숲은 아이들과 더불어 한결 푸르렀다. 산책 나온 어른들 시선이 일제히 아이들에게 쏠렸다. 가던 걸음을 멈추어 서서 미소를 짓거나 손을 흔들기도 했다. '귀한 녀석들'이라 혼잣말하는 사람도 있었다. 그 말이 내 귀에 꽂혔다.

세계적 주요 쟁점인 저출산 문제로 나라마다 깊은 고민에 빠져있다. 대책을 세우고 있으나 출산율 저하는 점점 심해지는 추세다. 집 가까이에 있는 초등학교 운동장을 보면 늘 조용해서 평일인지 휴일인지 헛갈릴 때도 있다.

등하굣길도 고요하긴 마찬가지다. 나는 공원 벤치에 앉아 땀을 식히며 병원에서 있었던 일이 생각나 빙긋 웃었다.

지난해에 종양 제거 수술을 받으려고 산부인과 병동에 입원했었다. 분홍색 환자복을 걸치니 문득 젊은 날에 대한 그리움이 밀려왔다. 돌이켜 보면 무슨 일이든 두려워하지 않았고, 수시로 가슴이 벅차올랐던 시절이다. 그날 밤은 그리움과 수술에 대한 염려로 쉽게 잠들지 못했다. 내 방에는 침대가 하나 더 있었는데 그때까지 비어 있었다.

다음 날 오전에 수술을 받고 병실로 옮겨졌다. 의사는 일주일 정도 입원해야 한다고 말했다. 나는 안정을 찾으려 애썼고, 무사히 퇴원할 수 있기를 빌며 잠에 빠져들었다. 얼마 뒤 병실 밖에서 들리는 떠들썩한 소리에 깼다. 문이 열리고 이동 침대가 들어왔다. 간호사가 커튼으로 침대 사이에 벽을 만들었다. 여럿이 침대에 환자를 옮기는 소리가 났다. 간호사는 갖가지 주의 사항을 환자에게 전했는데 마치 나에게 하는 말처럼 귓가에 쟁쟁했다. 모두 나가고 병실은 적막했다. 얇은 벽을 사이에 둔 환자 둘은 말이 없었다.

해 질 무렵 그녀의 남편이 왔다. 좁은 장소에서 부부가 나누는 사연은 벽을 넘어 내 귀에까지 들렸다. 그걸 여기 옮겨본다. 출산 예정일이 다가온 여자가 산전 마지막 검진을 받으러 병원에 왔다. 이상 징후를 알아챈 담당 의사는 서둘러 수술을 준비했다. 남편의 직장과 집은 병원에서 한 시간 정도 떨어진 곳에 있었다. 연락받은 남편이 서둘러 병원으로 왔고 여자는 무사히 출산했다. 보호자는 코로나19 PCR 검사 결과가 나올 때까지 대기하다가 병실에 늦게 들어온 것이다. 나는 부부가 낮은 목소리로 나누는 이야기에 집중했다. 내가 환자라는 사실도 잊으면서 말이다. 긴박했을 그들의 하루를 헤아려 보았다. 여자는 얼마나 당황했을까. 남편은 얼마나 허둥지둥 달려왔을까. 양가 부모님의 걱정은 어떠했을지. 그런 중에 딸 쌍둥이가 태어난 것이다.

안정을 찾은 산모는 친정어머니에게 전화를 걸어 딸의 안부를 물었다. 병원에 오느라 맡겨 둔 첫째가 외가에서 잘 논다고 했다. 간호사가 들어와 아기 둘 다 건강하다고 안심을 시켰다. 그러는 사이 신생아실에서 산모 핸드폰으로 사진을 보냈다. 부부는 먼저 나온 쌍둥이가 집에 있는 큰딸을 닮았다며 신기해했다.

나는 여자가 무척 장하게 느껴졌다. 걸을 수만 있다면 가서 꼭 안아주고 싶을 만큼 기특했다. 그러나 꼼짝할 수 없는 형편이라 누운 채 말을 건넸다.

"저기요, 제가 두 분 이야기를 다 들었어요. 얼굴은 모르지만, 진심으로 축하합니다. 속히 회복되길 바랄게요."

"감사합니다."

둘이 동시에 대답했다. 그리고 남편이 나에게 물었다.

"아주머니도 오늘 아기 낳으셨어요?"

하마터면 폭소를 터뜨릴 뻔했다. 수술 부위를 생각해서 겨우 참았다.

"나는 나이가 많아요. 이야기를 들으며 옛날 생각도 나고 해서 행복했답니다."

인간은 자기 입장과 경험 안에서 세상을 본다. 본인이 겪어보지 않은 일을 어떻게 알고 이해하겠는가. 나라도 30대였다면 그들처럼 물었을 것이다. 아무튼, 무척 사랑스러운 젊은이들이었다.

긴장이 풀렸는지 둘은 밤새도록 잘 잤다. 간호사가 환자 상태를 살피느라 수시로 들락거려도 개의치 않았다. 나는 부부가 내기라도 하는 듯이 코를 고는 바람에 잠을 설쳤다. 내 아들과 며느리 같아서 잘 참았다.

건강한 이웃 덕분인지 나의 회복도 빨랐다. 걷기를 시작한 날 얼굴을 보며 인사했다. 서른두 살에 딸 셋의 엄마가 된 여자는 예쁘고 앳돼 보였다. 아빠는 대학생이라 해도 믿을 정도였다. 나는 입원 나흘 만에 퇴원했다. 다섯 식구의 행복을 비는 마음을 아이스아메리카노에 담아 선물하고 병실을 나왔다.

'자신의 결정이 좋은 것인지 아닌지, 미리 알지는 못한다. 다만 좋은 결정이었다고 생각할 수 있게 노력해야 한다.' 소설가 공지영이 『즐거운 나의 집』에서 한 말이다.

삶은 끊임없이 무엇을 결정해야 하는 과정의 연속이다. 결정의 몫은 미래에 있다. 결정이 나를 어디로 이끌지 처음부터 아는 사람은 없다. 다만 가고자 하는 곳에 데려다 달라고 기도할 뿐이다. 인간의 역할은 좋은 결정이었다는 믿음을 갖는 것이다. 또 좋은 결정이 되도록 열성을 다하는 것이다. 걱정과 두려움을 앞

세워 지레 포기하는 것은 눈을 감고 살아가겠다는 것과 다르지 않다. 좋은 결정이 되도록 노력하는 것이야말로 최고의 삶을 이끄는 열쇠가 아니겠는가. 숲속 꼬마들이 병실에서 만난 세 아이의 엄마를 생각나게 한 날이다.

미세먼지 신호등

바다와 하늘이 좁은 길에서 만났어요. 자랑거리가 더 많은 쪽에게 길을 비켜 주기로 했지요. 먼저 하늘이 말했어요. 높고, 넓고, 파랗고, 구름, 새, 비행기, 천둥, 번개, 별, 비, 눈, 바람 여기까지 늘어놓고 자신감에 차서 입을 꼭 다물었어요. 다음은 바다가 말할 차례예요. 바다는 하늘이 말한 모든 걸 가지고 있었어요. 바다는 하늘의 거울이니까요. 거기다 물속 세상에는 엄청난 보물들이 있잖아요. 바위, 물고기, 진주, 바다풀, 배, 등대, 산호, 난파선 무엇보다 자랑스러운 건 섬이지요. 하늘은 길섶으로 비켜서서 바다에 길을 내주고 말았답니다. 하늘이 심술이 났어요. 자신의 것이 곧 바다의 자랑거리가 된다는 사실에 부아가 치밀었어요. 하루는 몽골과 중국 북동부에서 날아오는 미세먼지 가득한 황사 바람을 동해안으로 몰고 왔어요. 그날 바다는 흔적도 없이 사라졌답니다. 사람들이 하나둘 바닷가에 나와 하늘에 대고 기도를 했어요. 바다를 돌려달라고 말입니다. 하늘은 노여움을 풀고 먼지바람을 거두었어요. 지금 바다는 맑고 푸르고 넉넉하답니다.「돌아온 바다」

지난봄 어느 날이었다. 바다를 덮은 하얀 물체가 안개라고 생각했다. 나중에 알고 보니 우리나라 북동쪽까지 온 황사 바람이 동해안에 상륙한 것이다. 만만한 적에게 기습을 당한 기분이었다. 뜻밖의 기상 현상에 놀란 나는 하늘과 바다의 이야기를 만들어 두려움을 달랬다.

눈송이나 빗방울처럼 떳떳하게 자신을 드러내지 않는다. 그의 표정을 그림으로 표현하려면 많은 사색이 필요하다. 맘에 들지 않는다고 한 삽 떠서 쓰레기 더미에 던져버릴 수도 없다. 골치 아픈 그것을 피해 먼 곳으로 이사를 한다고 해결될 일은 더욱 아니다. 눈으로 분간하기 어려울 정도로 작은 몸뚱이들이 뭉쳐서 도시를 삼키고 산을 지운다. 한낱 먼지에 불과한 것이 지구촌을 흔드는 현실 앞에 인간의 대처 방법은 미약하다. 관에서는 KF94 마스크를 쓰고 다니라고 한다. 코로나의 강을 겨우 건넜는데, 미세먼지와 맞서려면 또다시 마스크를 써야 한단다.

우리가 미세먼지의 횡포를 심각하게 여기게 된 건 그리 오래지 않다. 삶이 물질적으로 급히 발전하면서부터가 아닌가 생각한다. 너나 할 것 없이 더 많은 것을 얻고 누리기 위해 발전의 터

빈을 점점 고압으로 올렸기 때문이 아닐까. 기업과 사회는 개인의 욕구에 부응하여 새로운 누릴 거리를 찾느라 두뇌를 모은다. 그런 가운데 예기치 못한 불청객이 곳곳에서 뿜어져 나오는 것이다.

발전은 방향이 있다. 어제보다 나은 오늘, 오늘보다 조금 더 살기 좋은 내일이라는 방향성을 갖는다. 발전의 주인공은 인간이다. 인간이 가장 인간답게 발전하는 것은 행복한 삶을 유지하는 것이다. 행복의 조건은 무엇일까. 내일에 대한 불안감이 사라지고, 안정된 미래가 펼쳐질 것이라는 믿음이다. 내일의 태양에 거는 밝은 기대를 안고 잠자리에 든다면 행복할 것이다.

아침에 눈을 뜨면 자연의 모습을 들여다보는 습관이 생겼다. 온도, 습도, 바람의 세기를 본다. 근래에는 사계절 필수 검색 대상이 된 미세먼지 농도가 있다. 공장에서 뿜어내는 매연과 자동차 배기가스, 화석연료를 태울 때 발생하는 먼지가 주범이라고 한다. 대형 산불도 미세먼지를 일으키는 요인으로 등장했다. 세계보건기구(WHO)는 2013년에 미세먼지를 발암물질로 분류했다. 이미 우리의 일상에 들어와 자리를 잡은 미세먼지 때문에 건강을 해쳐 사망할 수 있다는 뜻이다.

사람은 저마다 다른 속도로 살아간다. 각자 다른 방법으로 삶을 빚는다. 자신의 속도와 방법에 신뢰를 잃으면 두뇌는 뒤죽박죽이 된다. 자기만의 속도를 상실한 가슴에는 불평과 불안이 미세먼지처럼 차오른다. 크기가 작아 공기 중에 떠돌다가 몸속으로 파고든다는 미세먼지는 인간을 불안 속에 던지는 어두운 감정을 닮았다. 후회로 몸집을 키운 과거가 오늘의 나를 비웃는 듯한 느낌이 먼지를 일으킨다. 현재는 길을 잃고, 보이지 않는 미래에 대한 불안에 얽매여 우울의 강에 빠지게 되는 것이다. 물속에 들어가 돌부리에 올라서서 살려달라고 몸부림치는 행위는 주변 사람들을 힘들게 한다. 하지만 그 몸부림은 신호다. 주변에 그런 이웃이 있다면 도움의 손을 내밀어야 한다. 그들을 고통스럽게 하는 불안은 세상을 덮어버리는 미세먼지와 같기 때문이다. 그 폐해가 가정의 울타리를 벗어나 사회 곳곳을 흔들 수 있다고 인식하는 것은 미세먼지에 대한 세계보건기구의 관심과 다르지 않다.

2021년부터 일부 지자체에서는 미세먼지 신호등 설치를 시작했다. 유동 인구가 많은 거리나 공원에 설치된 신호등은 미세먼지 농도에 따라 파랑(좋음), 초록(보통), 노랑(나쁨), 빨강(매우 나쁨)으로 신호를 보낸다. 시민들은 그 정도를 한눈에 확인할 수 있다. 심한 날은 주민들 스스로 외출을 자제하여 건강을 지키게 하려는 것이다.

사람들 마음에 들어차는 미세먼지를 측정하여 외부에 알려주는 장치가 있으면 좋겠다. 사막의 모래바람같이 덩치가 커지기 전에 외부에 농도를 알려주면 된다. 그러면 우울의 강에서 허우적대는 일은 줄어들 것이다. 무엇이든 필요가 있으면 만들어내는 인간이다. 머지않아 지문 하나로 마음을 알아채 핸드폰에 있는 지인들에게 전송하는 기술이 나오리라 기대한다. 전송된 내용을 보고 서로 만나서 상대의 고민을 들어주고 위로할 수 있지 않을까. 개개인의 미세먼지 신호등에 빨간불이 들어오면 얼른 바다에 달려오는 것도 좋겠다. 하늘과 바다가 하나된 해변에 앉아 먼지를 날려버리는 건 어떨지.

사랑할 수밖에 없는 추억

점심을 먹으려고 고속도로 휴게소에 들렀다. 평일이라서 그런지 휴게소 식당은 한산했다. 아직도 마스크를 쓴 사람들이 몇몇 보였지만 대다수는 시원스럽게 얼굴을 드러냈다. 마치 삼 년 넘게 닫혀 있던 무대막이 활짝 걷힌 느낌이었다. 사람들의 얼굴에 활기가 넘쳐 보였다. 감사한 마음과 함께 내게 온 일상이 더욱더 소중하게 여겨졌다.

비빔밥을 주문하고 테이블에 앉았다. 주문한 번호가 울리기를 기다리는 일이 처음인 것처럼 설레기조차 했다. 세상에서 제일 맛있는 음식은 구두를 신고 먹는 것이라는 말이 있다. 집 밖에서 남이 해주는 밥을 먹는 주부의 마음을 잘 표현했다고 생각한다.

잠시 후 밥을 받아 든 나는 어리둥절했다. 비빔밥의 꽃이 보이지 않아서다. 자세히 보니 달걀부침이 아닌 지단을 만들어 다른 재료 옆에 곁들여 놓았다. 못내 아쉬웠다. 휴게소를 벗어나는 동안 흰자 가운데서 요염함을 뽐내는 노른자를 고스란히 담아낸 비빔밥이 눈앞에 아른거렸다. 나를 서운하게 한 달걀부침의 부재는 어린 시절 한때 그것 덕분에 엄청난 부자가 되었던 추억을 불러왔다. 달걀이 제대로 대접받던 시절 이야기다.

6학년이 되던 해 아버지가 큰 사고를 당했다. 진눈깨비가 부슬부슬 내리던 날 아침이다. 어머니는 학교로 전화를 걸었고 칠판 위에 붙은 스피커에서 내 이름이 나왔다. 당장 아버지가 있는 읍내 병원으로 가라는 교무 주임 선생님 목소리가 쩌렁쩌렁 울렸다. 웬만한 병이나 사고는 민간요법으로 처치하던 때였으니, 이전까지 병원에 간 기억이 없었다. 그러니 혼자서 병원 문을 열고 들어서는 심정이 어떠했겠는가. 나는 환자들은 모두 피 묻은 붕대를 감고 침대에 누워 있는 줄 알았다. 상상력이 공포를 불렀다.

밤 근무를 마친 아버지가 퇴근길에 동료들과 한잔 걸치는 자리에서 싸움이 생겼고, 거기 휘말려 심하게 다친 것이다. 광부들은 깊고 어두운 일터를 벗어나면 안도의 마음을 술로 달랬다. 더러 광산에서 발생하는 크고 작은 사고로 목숨을 잃는 사람들이 있었다. 남은 가족은 슬픔을 안고 광부 사택을 떠났다. 어린 우리는 갑작스러운 이별을 감기처럼 앓고, 도화지에 검은 냇물을 그리는 동안 친구를 잊었다.

어머니의 말을 귀담아들었다. 상태가 위중하여 장기간 입원해야 한다며 집안일을 부탁했다. 그날부터 나는 임시로 엄마가 되었다. 오빠와 남동생과 함께 서로 의지하며 부모님이 없는 집을 지켰다. 아침에 일어나 밥을 하고, 도시락을 챙기는 일이 제일 힘들었다. 공동 수돗가에서 빨래하는 일도 쉽지 않았다. 도시에서 유학하는 언니가 집에 오는 주말은 생일보다 좋았다. 시간이 지나자 떠나간 친구의 빈자리를 잊듯이 우리 가족은 그 상황에 익숙해졌다.

학교가 끝나면 병원으로 갔다. 병원에 가는 일이 점점 즐거워졌다. 그곳에는 귀한 물건이 날 기다리고 있었기 때문이다. 당시에는 병문안 오는 사람들 대부분이 달걀을 가지고 왔다. 볏짚 꾸러미 달걀을 정성스럽게 가져와서 쾌유를 빌어 주었다. 달걀을 모아 둔 냄비를 머리에 이고 집으로 돌아올 때는 부자가 된 것 같았다.

한 손에 책가방을 들고, 다른 손으로는 냄비를 잡고 들길을 지나 동네 어귀로 접어들면 다리가 후들거렸다. 아마 냄비에 있는 달걀에 너무 집중해서 그랬을 것이다. 집에 도착하면 찬장 안에다 달걀을 정리해 넣었다. 일이 소꿉장난처럼 재미있었다. 우리 삼 남매는 아버지 덕에 귀한 달걀을 원 없이 먹었다. 점심시간이 되면 내가 싼 어설픈 도시락이지만 뚜껑을 열 때마다 행복했다. 방긋 웃는 달걀부침을 보면 절로 미소가 번졌다.

아버지가 퇴원하던 날 병원으로 달려갔다. 싱글벙글 입이 다물어지지 않았다. 찬장에 달걀을 쟁여 두고 먹는 부자 생활이 막을 내려 아쉽기도 했다. 하지만 이제부터 부엌살림을 하지 않아도 된다는 것을 아무나 붙잡고 자랑하고 싶었다. 부모님과 함께 병원차를 타고 석탄 가루가 날리는 도로를 달릴 때는 개선장군같이 의기양양했다. 톨스토이는 말했다. '다시 돌아오지 않을 즐겁고 행복한 유년이여, 어찌 그 추억을 사랑하지 않을 수 있으랴.'

고된 엄마 놀이는 한 달 만에 끝났다. 나는 열세 살 봄에 한결 단단한 아이가 되었다. 그때 넘은 파도는 이후에 만난 수많은 파도 앞에서 끈질기게 버틸 수 있는 버팀목이 된 것 같다. 우리는 각자가 지닌 추억을 다듬어 소중히 간직한다. 추억은 되새길수록 곱고 순해진다. 그건 과거의 나를 사랑하기 때문이다. 더욱이 위로하고 보듬어 주고 싶은 것이다. 톨스토이의 말처럼 추억 속에 간직된 사랑은 내일을 향한 영혼에 맑은 기운을 불어넣는 힘을 발휘한다.

어제는 살았고 내일은 한 뼘도 모르는 것이 인생이다. 미래의 답을 찾으려면 과거를 돌아보는 것이 옳다. 삶은 모양이 제각각인 물음표에 자리를 양보하는 것을 의미한다. 더욱이 답이 없는 물음이라는 걸 알아가는 것이 인생이 아니겠는가. 다만 지나온 길에서 얻은 물음이 추억으로 남고, 그 추억을 사랑할 수밖에 없다면 답을 찾은 것처럼 뿌듯하겠다.

고속도로 휴게소에서 구두를 신은 채 맛있는 밥을 먹으려 했던 기대는 어긋났다. 머릿속으로 달걀부침을 올린 비빔밥을 만들며 도로를 달렸다.

시외버스에 꿈을 싣고

소나무 숲이 있었다. 맑은 날에는 나무 사이로 파란 바다가 보였다. 어느 날에는 교문에 들어서자마자 진한 바다 내음이 코끝을 스쳤다. 태풍이 잦은 계절이 오면 파도의 앓는 소리가 담을 넘어와 운동장에 널브러졌다. 그 소리에 떠밀려 집으로 돌아가는 발걸음이 빨라지기도 했다. 학교 앞 넓은 도로를 트럭이나 버스가 지나갈 때마다 밀가루 포대가 터진 듯이 먼지가 풀풀 날렸다. 열다섯 살 소녀들이 먼지 따위는 아랑곳하지 않고 그 길을 구슬처럼 굴러다녔다.

교문 가까이에 시외버스 정류장이 있었다. 소형 컨테이너 크기만 한 정류장은 도로에서 뻗어나간 나뭇가지처럼 보였다. 안에는 매표소와 낡은 나무 의자 두어 개가 전부였다. 어느 날 하굣길에 정류장으로 들어서는 버스를 봤다. 앞 유리창에 낯선 도시 이름을 붙인 그것이 내 시선을 빼앗았다. 창밖을 내다보는 승객들이 얼마나 부럽던지. 그걸 타고 내가 사는 마을을 벗어나면 어떤 세상이 펼쳐질지 궁금했다. 미지의 세계로 떠나는 마법의 양탄자 같았다. 그날 이후 나의 꿈이 기지개를 켜며 부스스 일어났다.

중학교 2학년 때였다. 교실마다 배포된 지역 신문에 실린 흑백 사진 하나가 내 눈길을 끌었다. 머리를 양 갈래로 땋고, 가슴까지 내려오는 넥타이를 맨 여학생들이 노래하는 모습이었다. 사진 밑에는 한글날 행사에 참석한 어느 여자고등학교 합창단이라고 쓰여 있었다. 교명에는 내가 시외버스에서 본 도시 이름이 들어갔다.

1970년대 교복 스타일은 단순했다. 겨우내 검은색 치마와 흰색 칼라를 단 까만 재킷을 입었다. 하얀 목도리를 두른 까만 고양이 같았다. 여름 또한 검정 치마에 흰색 블라우스 차림으로 거의 모든 학교가 비슷했다. 귀밑에서 일자로 자르는 단발머리는 단정해 보이긴 했으나 아름답게 느껴지진 않았다. 그런데 사진 속 학생들 모습은 달랐다. 긴 머리와 넥타이 때문인지 무척 세련되어 보였다. 윗도리 앞으로 길게 내려뜨린 검은색 넥타이가 나에게 한마디 던졌다.

"개구리, 한번 뛰어 봐!"

교문 앞을 지나가는 버스를 타고 신문에 난 학교에 가고 싶다는 소망이 생겼다.

농사를 짓는 부모님은 늘 손이 모자랐다. 나는 어머니를 대신하여 집안일을 도맡아 했다. 주말은 더욱 바빴다. 밥하고 청소하고, 냇가에 가서 빨래해 오면 하루해가 다 갔다. 사춘기 소녀의 짓눌린 일상에 신문과 버스가 기름을 부은 셈이다. 집을 벗어나 머리를 기르고 넥타이를 매고 싶다는 꿈이 손에 잡힐 듯했다. 돌이켜 보면 내 꿈은 참으로 유치하고 시시한 것이었다.

독하게 마음먹고 남몰래 시험 준비를 했다. 꿈은 사람을 강하게 만든다. 그 꿈의 방향이나 무게와는 상관없이 질주하게 한다. 결국 시외버스를 탔다. 버스는 구불구불한 길을 아홉 시간이나 달려 낯선 도시에 나를 내려놓았다. 입학하던 해에 학교는 면학에 방해가 된다며 단발령을 내렸다. 그래도 넥타이는 매 봤으니 절반의 꿈은 이룬 것이다. 방학이 되어 집에 다녀갈 때는 짐이 무척 많았다. 객지에 내보낸 딸을 걱정하는 부모님의 마음은 갖가지 짐으로 꾸려져 버스에 함께 올랐다.

일찍 집을 떠나지 않았다면 나는 어떤 삶을 살았을까. 무엇이 그곳으로 이끌었을까. 아무도 알 수 없는 일이다. 가보지 못한 길에 대해서 훗날 이러쿵저러쿵 얘기하는 일이 무슨 의미가 있겠는가. 지난 일에 대해 아쉬워하고 후회하는 것은 인생의 한 구간을 되돌리겠다는 불가능에 도전하는 것이다. 그건 미래에 펼쳐질 삶에 대한 결례이기도 하다.

'추억이란 그것이 슬픈 것이든지 기쁜 것이든지 그것을 생각하는 사람을 의기양양하게 한다. 슬픈 추억일 때는 고즈넉이 의기

양양해지고 기쁜 추억일 때는 소란스럽게 의기양양해진다.'

김승옥의 소설 『서울, 1964년 겨울』에 나오는 구절이다. 되돌아보면 유치하고 시시한 꿈 때문에 힘든 시간을 건넜지만 슬프진 않았다. 힘들다는 것과 슬픈 것은 다르다. 힘들다는 것이 물리적이고 단편적인 개념이라면, 슬픈 감정은 정신적이며 복합성을 내포하기 때문이다. 힘든 일을 견뎌내면 당연히 기쁨이 따라온다. 그것은 기쁜 추억이 되어 훗날 가슴을 데워준다. 지금 어린 나를 떠올리면 가슴 뛸 만큼 의기양양해진다. 그 시절로 다시 돌아가도 망설임 없이 시외버스에 오를 것이다.

아름답던 해변과 소나무 숲은 거대한 항구가 되었고, 학교는 이전했다. 작은 정류장은 추억의 서랍 속에 넣어두었다. 예순을 훌쩍 넘긴 내 속에 파릇했던 소녀가 있나. 소녀는 날마다 정류장에 앉아 시외버스를 기다린다.

라스트 콘서트

대청소는 약이다. 뒤죽박죽으로 어질러 놓은 주변이 정리되면 머리가 맑아진다. 헝클어진 인간관계로 일상이 흔들릴 때도 마찬가지다. 욕하고 몰아붙이고 얼굴에 물을 끼얹으며 돌아서고 싶지만, 그건 영화나 드라마에서나 가능한 일이다. 현실에서 한 방 시원하게 먹이는 방법은 없다. 나는 집 안을 크게 뒤집어 먼지를 털어내는 것으로 마무리한다. 그러고 나면 속이 후련해진다. 소극적이고 비굴하다고 놀림을 받을지도 모른다. 그러나 단박에 처리하는 방법은 고약한 후유증이 따르므로 피하는 것이 옳다.

입지 않는 옷을 골라내 정리한다. 앞으로 신을 생각이 없는 신발을 처리한다. 부엌에 달린 수납장을 뒤지면 유통기한이 지난 부침가루가 나온다. 냉장고 구석에는 오래된 마요네즈 통도 있다. 쓸모를 함부로 다룬 것에 대한

반성도 약이 된다. 곳곳을 뒤져서 버리고 쓸고 닦고 나면 정갈해진 주변과 마주할 수 있다.

하루는 책장 서랍을 열었다. 잡동사니가 잔뜩 들어차서 그런지 서랍이 무거웠다. 손때 묻은 MP3 플레이어, 낡은 전자사전, 구형 폴더 폰, 블루투스 스피커 등이 담겨 있었다. 죄다 꺼내 방바닥에 펼쳤다. 유행은 지났으나 모두 사용이 가능하다. 그것들은 공통점을 가지고 있다. 오디오 기능이 온전하다는 점 말이다. 몇 년 전, 친구들과 해외여행을 갈 때 나는 낡은 전자사전을 가방에 넣었다. 열정을 쏟던 청춘의 날을 보내고 고독의 강가에 닿은 은퇴자처럼 안쓰러워 보였기 때문이다. 이어폰을 꽂아 이동 중에 음악을 듣고 게임도 했다. 이렇듯 음악과 관계된 것이라면 몇 번의 대청소에도 살아남는다. 나의 오디오 집착은 어쩌면 그해 여름 때문인지도 모르겠다.

가수 심수봉이 대학가요제에서 「그때 그 사람」을 불렀던 해이다. 좁고 어두운 자취방은 불 땐 아궁이 같았다. 분지에 있는 도시는 추운 겨울만큼이나 여름이 뜨거웠다. 선풍기는 말할 것도 없고 취사용 도구를 살 형편이 못됐다. 그러니 여름에도 연탄불을 피워 밥을 했다.

하루는 야간 자율학습을 마치고 돌아와 방에 들어서니 비닐장판에 물이 흥건했다. 먼저 하교한 동생이 열기를 식히기 위해 물을 퍼부은 것이다. 세간살이는 윗목에 있는 책상과 책상보다 덩치가 큰 전축 위에 올려놓았다. 방은 더운 김이 아지랑이처럼 피어오르는 온탕이 됐다. 집주인은 낡은 전축을 방에다 둔 채 세를 준 것이다. 우리는 그 집에서 전축을 선반처럼 사용했다.

물을 닦느라 자정이 가까워진 시간까지 땀을 흘렸다. 계획에 없던 대청소를 한 것이다. 정리가 끝날 즈음 전축에 눈길이 갔다. 앞면에 붙은 미닫이는 굳게 닫힌 양반집 솟을대문 같았다. 육중한 몸을 떠받치고 선 네 개의 다리가 매끈했다. 양쪽에 네모난 스피커가 한 몸으로 달려 있었다. 조심스럽게 문을 열었다. 턴테이블이 중앙을 차지했고 뒤쪽에는 작은 전구가 지킴이처럼 서 있었다. 호기심이 발동한 동생과 나는 플러그를 찾아 콘센트에 꽂았다. 빨간색 전구에 불이 들어왔다. 조명 속 턴테이블이 신비롭게 보였다.

설레는 마음으로 주말을 기다렸다. 레코드판을 올려놓으면 제대로 소리가 날까 반신반의하며 시내로 갔다. 레코드 가게에서 고심 끝에 고른 건 영화 「라스트 콘서트」의 주제 음악이 실린 엘피판이었다. 음반 커버에 주인공 스텔라의 부드러운 미소가 넘쳤다. 뺨을 타고 흘러내리는 눈물이 진주처럼 빛났다. 그 전해 개봉된 영화는 수많은 관객의 눈물샘을 자극했었다.

피아니스트인 리처드는 스텔라를 만나면서 슬럼프에서 벗어난다. 그는 백혈병으로 시한부 삶을 사는 그녀에게 바치는 피아노곡을 만든다. 리처드가 곡을 처음 연주하는 콘서트장에서 스텔라는 생을 마감한다.

전축을 켜고 음반을 턴테이블에 올렸다. 음반 가장자리에 바늘을 놓자마자 회전이 시작됐다. 잠시 후 음악이 흘러나왔다. 영화 OST 중 대표곡인 「성 미셸 (St.Michel)」이 스피커를 뚫고 나와 방 안에 차올랐다. 그 순간 동생과 나는 엄청난 환희를 맛보았다. 영화의 결말은 비극적이었다. 그러나 두 주인공의 만남과 이별 과정에 수시로 등장하는 곡은 리듬이 경쾌하고 반복적이어서 귀를 점령했다. 어린 나이에 유학하느라 고단했던 우리에게 보내는 위로처럼 느껴졌다. 초라한 자취방이 갑자기 음악감상실이 된 것 같았다. 나는 그곳에서 6개월을 더 지내고 대학생이 되었다.

마지막은 때로 단절을 뜻하기도 한다. 하지만 대개는 마지막의 끝은 시작의 첫머리가 된다. 시작이라는 단어는 생동과 희망을 품고 있다. 라스트 콘서트로 영화는 막을 내렸지만, 나는 음악 덕분에 힘든 고비를 한결 가볍게 넘기고 새로운 세상으로 출발했다.

대청소하면서 뭔가를 꼭 버려야 하는 건 아니다. 흐트러진 물건을 정리 정돈하는 것만으로도 신선함을 맛볼 수 있다. 서랍에서 꺼낸 오디오 기기들을 다시 집어넣었다. 앞으로도 여러 번 반복될 것 같다. 그때마다 잡동사니 속에 숨은 소중한 추억 한 점씩 발견하게 된다면 정리의 보람을 느끼겠다.

비를 맞다

7월은 비의 계절이다.

검은 구름이 서풍에 밀려와 하늘 곳곳에 널브러져 있다. 개중에는 서두르다가 산마루에 걸려 끝단이 들쭉날쭉 제멋대로인 것도 있다. 겹겹이 짙은 구름이 허공을 장악한다. 모든 것이 그렇듯 허공을 장악하는 일 또한 오래일 수 없다. 결국은 하강하여 땅에 스민다. 아득히 내려온 한 방울이 사람에게 닿는다면 얼마나 대단한 인연인가. 수많은 빗방울이 수많은 사람과 인연을 맺는 계절이 7월이다.

어릴 적 살던 곳은 물이 귀했다. 그나마 마을 앞에 실개천이 있어서 빨래를 하고 물놀이를 즐기기도 했다. 실개천 물은 석탄 가루가 섞여 있어 검은색일 때가 많았다. 그래서인지 나는 어려서부터 맑은 물에 욕심을 냈다. 여름방학 때 외가에 가면 속이 훤히 들여다보이는 도랑에 박혀 살았다. 송사리를 쫓다가 거머리에 물려 피를 보기도 했다. 그때를 추억하면 다리를 간질이던 시원한 물의 감촉이 오롯이 살아나 기분이 상쾌해진다.

몇 날 며칠 비가 내리는 장마철은 내 세상 같았다. 골함석으로 지붕을 올린 사택 처마 밑에 양동이와 대야를 받쳐 낙숫물을 받았다. 그 물로 머리를 감고 빨래도 했다. 비 오는 날에 멀쩡한 옷가지를 잔뜩 가져다 빨다가 어머니께 꾸지람을 듣기도 했었다. 비의 계절에 기운이 솟는 건 지금도 여전하다. 일기 예보에 우산이 그려지면 가슴이 먼저 젖는다. 젖은 가슴은 낙숫물을 받던 유년의 한때처럼 비와의 유희를 준비한다. 빗방울이 솔숲에 내려앉는 소리가 밤을 깨우면 차오르는 사색은 생동하는 녹백과 마주한다

이십 대 초반에 특별한 비를 맞았다.

장맛비가 요란스럽게 내리던 날, 집에 갇혀 라디오를 듣고 있었다. 디제이가 공연 중이던 연극을 소개했다. 「비(Rain)」라는 제목의 연극이었다. 무엇보다 제목이 맘에 들었다. 공연장소와 시간을 받아 적었다. 공연장은 생전 처음 들어본 곳이었다. 다이어리 맨 뒤에 붙어 있던 지도를 뜯어 주머니에 넣고 빗길을 나섰다.

영국대사관 부근에 있는 세실극장을 찾아갔다. 낯선 장소를 찾느라 빗속을 헤맸던 탓에 몰골이 말이 아니었다. 비가 쏟아지는

평일 낮이라 그런지 객석은 빈자리가 더 많았다. 휑하게 비어있는 공연장이 오히려 내 마음을 편하게 했다. 자리를 잡은 뒤 대충 빗물을 닦고 나니 막이 올랐다.

무대는 미국령 사모아 제도의 파고파고섬이다. 시대 배경은 세계 1차 대전이 한창이었을 때이지만, 섬은 무심하고 평화롭다. 창녀들만 수감 중인 샌프란시스코 한 교도소를 탈출하여 시드니로 가려는 톰슨이 여자 주인공이다. 상대역은 북 사모아인을 개종시키려는 목적으로 배를 탄 선교사 데이빗슨이다. 사람들은 양동이로 물을 퍼붓듯이 쏟아지는 장대비 때문에 섬에 기착한다. 섬에는 또 하나의 복병이 숨어 있었다. 홍역이 번진 것이다. 배에서 내린 사람 중에 감염자가 없다는 확인을 받을 때까지 출항할 수 없었다.

그들은 임시 숙소에서 함께 지내는 동안 서로를 못마땅하게 여긴다. 선교사의 눈에 창녀는 섬에 발을 묶은 비와 홍역 같은 불청객으로 보인다. 종일 술판을 벌이는 톰슨이야말로 악의 상징으로 비쳤다. 데이빗슨도 그녀의 앞날을 가로막는 방해꾼이긴 마찬가지다. 그는 현지 총독에게 압력을 넣어 창녀를 교도소로 보내려 한다. 악의 늪에 빠진 인간을 구원할 수 있는 유일한 길이라 주장한다. 톰슨은 결국 선교사에게 굴복한다. 그녀를 교도소로 압송할 배를 기다리는 동안 선교사는 창녀의 교화를 위해 종일 열성을 기울였다. 톰슨은 차츰 동화된다.

원작자인 서머싯 몸은 악의 향연에 비를 초대하여 갈등 관계를 더 습하고 끈적끈적하게 만든 것 같았다. 독한 비는 사람들을 섬에 가두었다. 선교의 꿈도 창녀의 자유도 파고파고에서 젖는다. 섬에 갇힌 조바심은 도덕과 종교와 본성을 앞세워 서로 충돌했다. 충돌이 빚은 상처에 빗물이 깊이 스며든 것이다.

잠시 암전되었던 무대에 조명이 들어왔다. 무대는 어둡고 침울했다. 톰슨은 저항을 접은 듯 다소곳이 무대에 서 있다. 그때 다급한 목소리가 정적을 깼다.

“선교사가 죽었어요. 해변에서 면도칼로 목을 그었어요.”

톰슨은 휘청거리며 천천히 무대 앞으로 발을 옮겼다. 스포트라이트는 그녀를 비췄고, 배우는 관객 하나하나와 눈을 맞추며 마지막 대사를 던졌다.

“남자들! 더럽고 치사한 돼지들이야. 모두 똑같아, 믿을 수 없는 족속들이야!”

도시가 온통 빗물을 뒤집어쓴 날, 무대는 비에 젖은 섬이 되었다. 배우들의 열연에 빠져 관객인 나도 그 섬에 올라 야자수로 서고 갈매기로 날며 비를 맞았다. 톰슨의 파티에 초대받아 축음기에서 흘러나오는 음악에 맞춰 춤을 췄다. 데이빗슨의 종교관에 대하여 이런저런 질문을 던지기도 했다. 인생도 어느 길목에서 불청객 같은 비를 만나 발이 묶일 수 있겠다는 생각이 들었다. 팸플릿에 적혀 있던 악(惡)을 규정하는 문구가 이십 대의 나를 흔들었다.

'악은 그 자체보다 악이라 단정을 짓는 시선이 더 큰 악이다.'

나는 비를 좋아한다. 그런 내가 비의 계절에 간절히 기도한다. 지독하게 퍼붓지는 말라고 빈다. 빗물에 젖은 흐린 시선으로 진실을 저울질하는 삶이 무대 아래까지 내려오지 않기를 바란다.

삶은 긴 장마에 질려 스스로 나가떨어질 때도 있다. 하지만 이슬비에 젖어 굳건해지는 날이 더 많아 살 만한 것이 아니겠는가. 유년의 비와 청춘의 비를 데려와 글을 쓰는 지금도 비가 내린다. 나의 글들이 찰방거리며 비를 맞는다.

비가 되다

리조트 홈페이지에 들어갔다. 예약 메뉴를 누르고 호흡을 가다듬었다. 시간이 되어 잽싸게 클릭을 했으나 이번에도 허탕이다. 예약하는 연습까지 했었다. 내 딴에는 손가락을 빠르게 놀린 듯한데 결국 실패하고 말았다. 세 번째 도전이어서 내심 행운을 기대했었다. 어림잡아 5초 만에 전체 객실 예약이 완료되는 것을 보니 허무감이 밀려왔다. 왠지 부모님께 불효를 저지르는 것 같았다.

어머니 생신날 가족이 모일 장소를 고르던 중이었다. 연로한 부모님을 위해 집 가까운 곳을 찾다가 해안가에 새로 조성된 리조트를 알게 됐다. 문제는 그곳이 인기가 높아 예약이 쉽지 않다는 점이었다. 거듭 실패하자 별별 생각이 꼬리를 물었다. 무의미한 갈망인가, 집착인가, 탐내지 말아야 할 영역인가를 곱씹었다. 다시 도전하는 것이 헛된 일인지, 이쯤에서 끝내는 것이 태만인지 혼란스러웠다. 주도권을 쥔 운명에 끌려가는 것 같았다. 실패의 쓴맛에 절어 운명론까지 들먹이며 반나절이나 보냈다.

아주 오래전에도 운명의 끈을 잡고 실랑이를 벌인 적이 있다. 대학 졸업반 때였다. 그 일은 연극 한 편에서 시작됐다. 연극은 서머싯 몸의 소설 『비(Rain)』를 바탕으로 한 것으로 1982년 여름 세실극장 무대에 올랐다. 연극반 동아리 활동을 한 때문인지 공연 소식은 늘 가슴을 뛰게 했다. 장맛비에 젖어 물에 빠진 생쥐 꼴을 하고 극장에 갔다. 이후 취업 준비는 뒷전으로 미뤄 둔 채 다시 연극반에 합류했다.

머릿속이 빗소리로 가득 찼다. 졸업 전에 그 작품을 무대에 올리고 싶었다. 더욱이 주인공인 톰슨 역할이 탐났다. 톰슨은 내 인생 마지막 무대를 위해 선물처럼 나타난 것 같았다. 틀림없는 광기였다. 아카시아 잎으로 점을 치듯이 '가능'과 '불가능'을 저울질하다가 결론에 이르렀다. 실패를 겁내지 말고 한 번 더 무대에 서기로 맘먹은 것이다. 졸업 후에는 무대를 넘보지 못하리라는 생각이 간절함을 부채질했다. 나는 풀어야 할 첫 번째 문제지를 펼쳤다.

동생에게 대본을 구해달라고 부탁했다. 동생은 연출가를 찾아가 사정했다. 본인은 대학 연극반 회장이고, 이 작품을 무대에 올리고 싶으니 대본을 주면 대학 연극이 활성화되도록 노력하겠다는 말을 보탰다. 그건 연극에 문외한인 동생이 누나를 위해 벌인 또 하나의 연극이었다.

어렵게 구한 희곡 한 부가 홀로 고속버스를 탔다. 동생은 서울에서 한 승객에게 귀한 물건을 맡겼고, 나는 강릉에서 받았다. 긴 희곡을 읽는 동안 머릿속에는 이미 무대가 펼쳐졌고, 나는 그 위를 휘젓고 다녔다.

문제지가 하나 더 남아 있었다. 졸업반 선배가 가을 정기 공연에서 주인공을 하겠다고 나서야 하는 어려운 문제였다. 배역을 정하는 날, 회의실이 무대라 생각하고 대사를 뱉듯이 힘주어 말했다. 내가 그 역할을 하고 싶고, 잘 할 수 있다고 설득했다. 이건 난관에 부딪혔을 때 내가 써먹는 방법이다. 먼저 현실의 나와 무대 위의 나를 분리한다. 그런 다음 어려운 일을 배우에게 맡기는 것이다. 연출을 맡은 후배는 결국 허락했다.

스스로 일으킨 파노였다. 파노 위에서 꿋꿋하게 버티는 일은 힘겨웠다. 두 달 남짓한 연습 기간에 쏟아 낸 열정을 어떻게 말로 다 표현할 수 있을까. 우리는 학교 강당에 미국령 사모아제도의 파고파고섬을 옮겨왔다. 비와 홍역 때문에 섬에 갇힌 사람들이 임시로 머무는 호텔을 만들었다. 공연을 보러 온 가족과 친구들이 낯설게 느낄 정도로 나의 변신은 성공적이었다. 그렇게 마지막 문제까지 풀고 졸업했다.

어느 젊은 날에 비를 흠뻑 맞고, 스스로 비가 되기로 한 청춘에게 박수를 보낸다. 무모한 도전이라고 지레 포기했더라면, 내 힘으로 도저히 움직일 수 없는 운명 같은 것이라고 지나쳐 버렸더라면, 나의 젊음에 무엇이 남았을까.

인간의 탄생은 새로운 무대에 막이 오르는 것을 의미한다. 삶은 한 발짝씩 각자의 무대를 완성해 가는 과정이다. 각자 주인공이 되어 주도적으로 이끌어 가는 운명이라면 훗날 걸작으로 평가받을 수 있을 것이다.

'당신이 가는 길에서 짖어 대는 개가 있을 때마다 발길을 멈춘다면, 당신은 결코 목적지에 도착하지 못할 것이다.'라는 아랍의 격언이 있다. 인생의 길목에서 사나운 개를 만나 발길을 멈추는 경우가 있다. 개에게 물려 옷자락이 찢어지고 큰 상처를 입을 때도 있다. 그런저런 이유로 발길을 돌리면 목적지는 점점 멀어진다. 자신의 손에 이끌리는 삶에 미래를 걸고 살아간다면 가슴 뛰게 하는 보물 몇 개쯤 간직할 수 있지 않겠는가.

지금 밖에는 세찬 빗줄기가 어둠과 숲을 뒤흔든다. 끄떡하지 않는 어둠이 숲을 감싸 안았다. 둘은 곧 밝아오는 아침과 빗줄기의 호흡을 아는 듯이 서로 몸을 기대고 서서 묵묵히 비를 맞는다. 그들 속에 몸을 웅크린 새는 날개를 털고 목청을 돋우어 맨 먼저 새벽을 열 것이다.

머지않아 우리 곁에 머물 찬란한 가을을 기대한다. 가을 바닷가에서 부모님을 모시고 형제자매가 모여 웃고 이야기를 나눈다면 무척 행복할 것 같다. 손가락 연습을 더 많이 해서 계속 도전할 생각이다. 졸업을 코앞에 둔 내가 뜬금없이 「비」에 젖어 「비」가 되었듯, 운명의 옷자락을 내가 움켜쥐게 될지는 아무도 모를 일이다.

비로 남다

"연극이 중요하냐? 그렇다면 넌 그따위 짓거리는 다 잊어야 해."

아버지가 아들에게 던진 말이다. 연극배우가 되고자 했던 아들은 자신의 꿈을 이해하지 못하는 아버지가 세워놓은 벽 앞에서 좌절한다. 좌절은 급기야 극단적인 선택이라는 비극적 결말을 부른다.

영화 「죽은 시인의 사회」는 1990년 한국에서 개봉됐다. 남자 사립학교 웰튼 아카데미는 명문대 진학을 목표로 삼는 학생들이 입학한다. 영화는 그 학교 출신 교사인 존 키팅이 부임해 오면서 시작된다. 키팅은 미래를 위해 공부와 성적에 매몰된 학생들에게 현재의 소중함을 일깨운다. 시, 아름다움, 낭만, 사랑 같은 것이 삶의 목적이라고 말한다.

키팅의 가르침에 매료된 학생들의 자각과 성장과 우정에 관한 이야기는 감동적이었다. 그가 학생들에게 던진 말, 현재를 즐기라는 뜻의 라틴어 '카르페 디엠(Carp Diem)' 보다 강하게 관객의 뇌리에 새겨진 대사가 있을까.

연극 무대에서 강제로 끌려 내려온 닐은 분노에 찬 아버지와 마주한다. 당장 육군사관학교로 전학하고, 뒤에 하버드에서 의학을 공부하라는 아버지에게 아들은 비극을 안긴다. 서재에서 방아쇠를 당겨 삶을 마감한 것이다.

내가 이 영화를 기억하는, 기억할 수밖에 없는, 기억해야 하는 이유는 따로 있다. 연극을 하고 싶어 하는 닐이 아버지와 벌인 줄다리기를 나는 어머니와 했었기 때문이다

내 꿈은 교단에 서는 것이었다. 다만 대학 시절에는 연극 무대에서 맘껏 끼를 펼쳐보고 싶었다. 동아리에 들어가 어설프게 시작한 연극 활동은 재미있었다. 공연할 작품을 정하고, 수없이 반복되는 연습 뒤에 막을 올리는 일은 복잡하고 고달팠다. 하지만 열정을 쏟아 완성된 무대를 만들었을 때 느껴지는 기쁨을 어떻게 말로 다 표현할 수 있겠는가.

졸업을 코앞에 두고 열기가 식어야 할 나의 끼는 다시 불타올랐다. 연극 「비」를 관람한 것이 발단이었다. 그건 꺼져가는 끼의 불씨에 기름을 부은 셈이다. 마지막이란 말은 사람을 비장하게 만든다. 막차에 죽기 살기로 올라타야 할 것 같은 심정에 빠지게 한다. 내 인생 마지막 무대라 생각하니 졸업이고 취업이고 뒷전

이었다.

때가 때인 만큼 어머니의 허락을 구해야 했다. 돌이켜보면 허락을 구한다기보다 단념시키는 졸렬한 행동이었다. 줄다리기는 신호에 따라 양쪽이 동시에 잡아당겨야 한다. 그런데 나는 종이 울리기 전에 어머니가 잡고 있던 줄을 힘껏 내 쪽으로 잡아당긴 것이다. 어머니는 힘도 써보지 못하고 끌려왔다.

하루는 집에 가서 어머니가 몹시 실망할 말을 어렵사리 꺼냈다.

"엄마, 연극을 한 번 더 하고 싶어요. 아마 제 인생에서 마지막 공연이 될 거예요. 두 마리 토끼를 한꺼번에 잡을 수 없으니, 취업 준비는 내년으로 미룰게요. 그리고 이번 공연을 위한 특별한 의상이 필요해요. 도와주세요."

내 말을 끝까지 들은 어머니는 숨을 크게 쉬었다. 그리고 한마디 툭 던졌다.

"해라. 마지막이니까 더 열심히 해 봐라."

어머니는 길쌈을 해서 딸을 뒷바라지했다. 나는 취업해서 짐을 덜어드려야 할 형편을 외면한 것이다. 그건 어머니의 등에 돌덩이 하나를 얹는 짓이었다. 연극 내용을 자세히 말하라고 했다. 위기를 넘긴 듯한 분위기에 안도한 나는 작품 줄거리와 분위기를 자세하게 설명했다.

힘겨루기를 싱겁게 끝낸 뒤 학교로 돌아가 연습에 집중했다. 대사를 외우고 동선을 연구하며 서서히 톰슨이 되어 갔다. 그러다 어머니와 약속한 날 집으로 갔다. 무대 의상 두 벌이 나를 기다리고 있었다. 발끝까지 닿는 빨간색 드레스는 어깨를 완전히 드러냈다. 가느다란 어깨끈은 도발적으로 보이기까지 했다. 퍼붓는 빗속에서 펼쳐지는 선과 악의 대결에 잘 어울릴 듯한 색과 디자인이었다. 다른 하나는 연분홍색 바탕에 자색 꽃무늬가 그려진 원피스였다. 길이가 짧은 원피스는 세찬 빗소리를 제압할 만큼 느낌이 강렬했다. 딸이 들려준 작품 줄거리를 듣고 읍내 오일장에 가서 천을 골라 의상을 만들어 놓은 것이다. 그것을 보는 순간 내 속에 어머니가 있다는 확신이 들었다.

무대 의상을 품에 안고 학교로 향하는 발걸음은 든든하고도 무거웠다. 준비한 작품을 가을 축제 때 교내 강당에서 공연했다. 연극반 모두가 쏟은 열정 덕분에 후회 없는 작품을 만들었다. 연극이 끝난 뒤 강당을 가득 메운 관객들에게 인사를 했다. 객석 중간쯤에서 열렬하게 박수를 보내는 어머니에게 나는 손을 흔들어 감사를 표했다.

영화를 보고 집으로 오는 내내 닐의 좌절이 나를 따라왔다. 무대에서 강제로 끌려 내려오던 장면이 눈앞에 어른거렸다. 나는 닐을 추모하며 몇 날을 보냈다. 영화는 감동과 더불어 나에게 소중한 선물을 주었다. 선물은 잊고 지내던 어머니에 대한 감사와 행복했던 무대 위의 시간이었다.

「비」를 만나느라 비를 흠뻑 맞은 날이 있었다. 비에 젖은 미친 기운을 등에 업고 스스로 「비」가 된 날도 있었다. 비, 빗소리, 빗물과 같은 단어 옆에 늘 함께하는 '해라, 해 봐라' 하던 어머니의 응원을 어찌 잊을 수 있겠는가.

자신이 좋아하는 것만 하며 사는 인생이 얼마나 될까. 하지만 인생에는 구멍이 있고, 그것은 신도 어쩌지 못할 '틈새 자리'라고 말하고 싶다. 행복을 맛보라고 운명이 눈감아 주는 선물 같은 곳이다. 틈새 자리에서 좋아하는 것을 하지 않는다면 추억을 먹으며 사는 때를 위해 무엇을 남길 수 있겠는가.

그해 가을에 모녀는 「비」를 만들었다. 어머니는 딸의 가슴에 영원히 마르지 않는 비로 남을 것이다.

2

영화 속 그들처럼

바람에 흔들리고 꺾일 때도 있지만 끝내 감사로 남는다면, 삶은 얼마나 빛나고 아름다운 것이 되겠는가.

- 영화 속 그들처럼 -

깐마늘색

햇마늘 한 접을 받았다. 한반도에서 전쟁이 일어난 해에 혼인하여 70년 세월을 함께 걸어온 부모님이 손수 기른 사랑이다. 무릎 보호대에 의지한 아버지와 등이 굽은 어머니가 구십 노구를 이끌고 산비탈 밭을 오르내리며 공들여 빚은 보물이다. 마른 줄기를 잘라낸 통마늘을 망사 자루에 넣어 베란다에 매달았다. 눈앞에 황혼이 드리운 고향이 걸려 있다.

당장에 찬거리로 쓰려고 골라 놓은 마늘을 깠다. 야무지게 알맹이를 감싸고 있는 껍질을 벗기는 동안, 지난해 들판에 내려앉은 가을 햇살이 손끝에 닿아 아렸다. 수확한 농작물을 갈무리하는 계절에 씨 마늘은 흙으로 들어간다. 한국의 가을 하늘은 셰익스피어를 준다고 해도 내놓을 수 없다는 말이 있다. 그런 하늘에서 쏟아지는 황홀한

빛을 섞어 마늘을 심는 것은 먹거리의 기본을 세우는 일이다. 마늘을 뺀 상차림을 상상할 수 없으니, 농사는 마늘 심기에서 출발하는 것이 아닐까 하는 생각이 든다. 마늘은 겨울을 지나는 동안에 얼었다 녹기를 반복하며 탄탄하게 뿌리를 내린다. 스스로 견뎌내느라 갑옷 같은 껍질을 만들고 그 속에서 유월을 기다린다. 유월이 오면 비로소 눈부신 모습을 간직한 채 태어난다.

나는 박용래 시인의 「겨울밤」이라는 시를 만나기 전까지 마늘의 날을 알지 못했다. '잠 이루지 못하는 밤 고향집 마늘밭에 눈은 쌓이리/ 잠 이루지 못하는 밤 고향집 추녀 밑 달빛은 쌓이리' 그 후로 눈 오는 겨울밤이면 머릿속 발길이 마늘밭을 걷곤 했다.

반투명 크림색 겉껍질을 벗기고 연자줏빛 갑옷을 걷어 내니 얇고 부드러운 실내복에 감춰진 속살이 드러난다. 예리한 칼날 앞에 두 손을 들고 선연히 내미는 몸통은 흙에서 캐낸 진주알이다. 접시에 담긴 탱글탱글한 깐 마늘이 불빛을 받아 반짝거린다. 실에 꿰어 목걸이를 만들고 작은 것 두 개를 남겨 귀고리로 걸면 참 예쁠 것 같았다. 껍질을 벗은 깐 마늘은 콧대 높은 스무살 청춘이다. 분출하는 열정을 응고시켜 가슴에 품은 천지 기운의 결정체다. 당당함이 묻어나는 색깔은 정월 대보름 밤에 소원을 끌어모으는 달빛이다. 아이보리색 깐마늘? 베이지색 깐마늘? 둘 다 틀렸다. 깐 마늘 색은 그냥 '깐마늘색'이라야 한다. 수식을 덧붙이는 아량을 보여서 '진줏빛 깐마늘' 정도는 괜찮겠다. '백일

지난 아기 살색 깐마늘'이나 '아침 햇살 가득한 바닷가 고운 모래색 깐마늘'이라도 좋다. 하지만 지금 세상에 긴 이름을 제대로 불러 주거나 기억해 줄 사람이 몇이나 있겠는가.

깐 마늘의 색을 정하다가 집 안에 그것과 닮은 색이 또 없을까 하는 호기심이 발동했다. 냉장고에 넣어 둔 콩물이 비슷하다. 불린 콩을 살짝 익혀서 믹서로 갈아 놓은 것이다. 국수를 삶아 콩물을 붓고 오이채와 토마토를 곁들인다. 맛이 시원하고 몸에도 좋으니 '깐마늘색 콩국수'라고 이름을 붙여도 괜찮겠다. 콩국수에 마늘이 들어간 듯한 뉘앙스를 풍겨서 오해의 여지가 있긴 하다.

오래전에 읽고 내팽개쳐서 벽이 된 책도 깐마늘색으로 변했다. 『그린게이블즈 빨강머리 앤』이다. 종이 색은 변해도 앤 셜리의 따뜻한 가슴과 이웃 사람들의 정겨운 이야기 소리는 여전히 책꽂이에 남아 있다. 그 앞에 서서 잊을 수 없는 감명을 다시 꺼낸다.

식탁 상판 대리석도 깐마늘색이다. 가족은 식탁에 마주 앉아 밥을 먹고 차를 마시며 일상을 나눈다. 가구 중에 서로 눈빛을 보며 마음을 읽을 수 있도록 도와주는 것으로는 그것만 한 것이 없다. 식탁은 집안의 역사를 고스란히 기억한다. 생일 케이크에 꽂아야 할 촛불이 몇 개인지 헷갈릴 때는 식탁에 물어보면 어떨까. 결혼 20주년 기념일을 어떻게 보냈는지, 사춘기를 맞은 아이들이 고비를 넘기던 일, 삶의 길목에서 맥주잔을 기울이며 서로에게 온기를 불어넣던 수많은 밤을 식탁은 모두 알고 있다. 나이

많은 거북이처럼 넓적한 등을 내준 채 온갖 이야기를 묵묵히 듣고 몸에 새긴다.

4인용 식탁에 홀로 앉아 라디오에서 흘러나오는 음악을 따라 여행을 떠난다. 포르투갈 전통 음악인 파두에 취해 리스본 골목길을 서성거린다. 반도네온이 연주하는 열정적인 탱고음을 따라간다. 부에노스아이레스 항구에 있는 선술집 마초에게 둔한 허리와 고단한 다리를 살짝 맡겨 본다. 메트로폴리탄 오페라하우스에서 바람둥이 돈 조반니를 만난다. 그의 꾐에 빠져 신랑을 배신했다가 돌아와 용서를 비는 체를리나의 아리아에 젖는다. 이보다 더한 귀 호강은 없다. 이렇게 세상 곳곳으로 음악 여행을 다녀오지만, 아무에게도 그 일을 소문내지 않는 든든한 내 편이 깐마늘색 식탁이다.

먼 훗날 마늘 까듯이 식탁을 뒤집으면, 낡고 금이 간 대리석과 빛바랜 나무다리 구석구석에서 울고 웃으며 보낸 이야기가 먼지처럼 빠져나올 것이다. 선물로 받은 마늘을 까다가 색에 빠져서, 내 사전에 새 단어를 올렸다. '깐마늘색'이라는 명사 하나를.

사랑이라는 습관

장마는 길고 난폭했다. 연일 쏟아지는 폭우로 전국은 물바다를 이루었다. 한탄강 이웃 마을이 잠겼고, 섬진강이 범람해 구례 화개장터는 그대로 강이 되었다. 엎친 데 덮친 격으로 장마 끝자락에 태풍 '장미'가 남해안에 상륙했다. 물에 놀란 사람들은 태풍이라는 단어에 지레 지쳤다. 그렇게 온통 젖은 날 까망이가 하늘나라로 갔다.

그는 조금 낡은 듯한 검은 털 코트를 입었다. 한 뼘 너비인 길쭉한 앞섶은 흰색으로 멋을 냈다. 미사를 집전하는 사제의 가슴에 내려뜨린 헝겊 띠처럼 고결함이 느껴졌다. 도톰한 하얀색 양말을 신은 발이 단정하고 경쾌하게 보였다. 입은 미소를 짓는 듯 살짝 벌어져 있었다. 벌어진 입 밖으로 삐죽하게 나온 연분홍색 혀가 장미 꽃잎을 닮았다. 까만 얼굴에는 좌우 대칭으로 흰 수염이 햇살 같이 뻗어나갔다. 그걸 보면 세상살이에 대해 한마디쯤 거들 수 있는 나이가 되지 않았나 여겨졌다. 둥근 단추 모양 눈에 노랑과 청록이 섞여 늦가을 오후의 포근함이 묻어났다. 아들이 원룸에 들여놓았던 길고양이가 내 눈에 비친 첫인상이 이러했다.

아들은 다섯 평 남짓한 원룸 일 층에 살았다. 현관문을 열면 바로 바깥이다. 그 전해 가을, 문 앞을 서성거리는 어린 길고양이들이 측은해 먹이를 주었다. 하루는 덩치 큰 늙은 것이 나타나 자리를 독차지하였다. 청소하느라 문을 열어놓으면 슬그머니 안으로 들어오기도 했다. 건물주처럼 방을 둘러보거나 침대 옆에 잠시 앉았다 나간 적도 있다. 겨울에 접어들면서 방 주인은 그에게 동거를 허락하고 '까망'이라는 이름까지 지어줬다.

아들의 핸드폰에 고양이가 등장하면서 나의 걱정도 조금씩 쌓여갔다. 털과 배설물 냄새는 어떻게 할 것인가. 거기다가 동물병원에 몇 번 다녀올 정도로 건강도 나빴다. 집사는 그런 까망이를 돌보는 일에 진심이었고, 내 속은 까맣게 타들어 갔다.

결국 아들에게 제안했다. 나에게 데리고 오면 돌봐주겠다. 텃밭 한쪽에 집을 마련해 정성껏 살피겠다. 그 제안은 바로 거절당했다. 어려운 점이 있어도 끝까지 책임지겠다는 것이다. 건강하지 못한 채 버려진 고양이의 거처를 함부로 옮겨 거듭 상처를 줄 수 없다고 말했다. 나는 '고양이는 그냥 고양이일 뿐인데'라는 생각으로 서운함을 느꼈다. 집사의 팔을 할퀴어 상처를 낸 놈을 한 대 패주고 싶을 때도 있었다.

그 무렵 텔레비전에서 버려진 고양이를 구조하는 사람들 이야기가 나왔다. 대부분 마을을 떠난 이들로부터 버림받은 것이다. 자원봉사자들은 지저분한 동네 곳곳을 뒤져 남겨진 동물을 구조했다. 병을 치료하고 이름도 지어줬다. 새 주인을 만나 보호소를 떠나는 고양이와 눈물로 작별하는 모습은 감동을 자아냈다. 전에 같으면 관심도 없었을 이야기에 나도 모르게 빠져들었다.

아들은 원룸에 둥지를 튼 고양이를 걱정하고, 나는 그런 아들을 걱정하는 삼각관계가 얼마간 불안하게 이어졌다. 어느 날 그곳으로 갔다. 처음 마주한 녀석은 얌전하게 앉아 나를 살폈다. 은근한 눈빛이 마치 내 속을 전부 들여다보는 것 같았다.

그들을 한집에 있게 한 인연은 무엇일까. 때로는 귀찮기도 했을 것이다. 하지만 서로 기댈 수 있는 뭔가가 있지 않았을까. 말과 소리에 귀를 기울이며 든든한 짝이 됐을 것이다. 사람과 동물이 눈빛과 느낌으로 한편이 됐을 때의 기분은 어떤 것인지 자못 궁금했다.

비가 억수같이 쏟아졌다. 장마가 시작된 지 여러 날 지났는데, 새삼스레 본격적인 장마 전선이 한반도를 뒤덮은 것이다. 오후에는 더 많은 비가 올 거라는 예보를 듣고 서둘러 가방을 챙겼다. 집을 나서기 전에 자세를 낮추고 말을 건넸다.

"까망아! 아프지 말고 잘 지내."

멀찌감치 물러나 있던 고양이가 살금살금 나에게로 걸어왔다. 내 코끝을 살짝 핥고 원래 자리로 돌아가 앉았다. 촉촉하고 과하지 않은 입맞춤이었다. 부드럽고 상큼한 접촉에 순간 얼떨떨했다. 그건 분명 응답이고 위로라는 생각이 들었다. 동물과의 교감을 처음 경험한 그때 아주 특별한 떨림이 온몸에 전해졌다. 동시에 가슴속에 키워온 걱정 덩이가 맥없이 녹아내렸다.

서울을 벗어나 고속도로에 오르니 하늘 어느 곳에서 강둑이 터진 듯이 비가 쏟아졌다. 와이퍼는 쉬지 않고 팔을 젓고, 차들은 비상등을 켠 채 속도를 낮췄다. 신경을 곤두세우고 빗속을 지나는 내내 입맞춤이 남긴 여운이 콧등에 앉아 있었다. 마치 안전지킴이처럼.

장 그르니에는 「고양이 물루」라는 산문에서 고양이와 함께 사는 것에 관해 썼다. '어떤 사람들은 고양이와 같이 지내는 데 습관이 되어 있지 않았다. 이때 습관이란 말은 사랑이란 말과 동의어이다.' 아들이 까망이와 함께 지내고 싶어 했던 것도 이미 그들 사이에 사랑이 싹텄기 때문이리라. 세상에 사랑보다 강한 것이 있을까. 하마터면 나는 그걸 별것도 아닌 것으로 가벼이 생각할 뻔했다.

습관이 모여 일상을 이룬다. 그 일상 중에는 의식 속에 오래도록 간직되는 것이 있다. 간직된 것은 이미 사랑에 가까워진 것이다. 그러니까 사랑이 낯선 사람들은 습관이라는 간이역에 잠시 머물러 보는 것도 괜찮겠다.

죽음이 완전하게 되는 것은 살아 있는 존재로부터 잊힐 때라고 한다. 내 안에 고양이 한 마리가 들어와 가늘게 떨게 하던 내내 장맛비가 내렸다. 2020년 그가 우리 곁을 떠나던 날에도 그랬다. 여름, 늘 장마는 찾아올 것이다. 순한 눈빛과 촉촉한 입맞춤 하나 습관처럼 숨겨 두고 비의 계절을 넘을 참이다.

재즈는 별이 되어

바닷속 같은 무대가 눈앞에 펼쳐져 있다. 무대는 연주를 아우르는 하나의 우주다. 우주를 유영할 악기가 물속 깊이 빌을 담근 바위 모양으로 숨죽이고 있다. 기타, 피아노, 신시사이저는 무대 왼쪽에 서 있고 더블베이스와 드럼이 반대쪽에서 대칭을 이룬다. 모두 출발선에서 호흡을 가다듬는 달리기 선수처럼 미동도 하지 않는다. 전면 스크린은 관중석을 지휘하는 무뚝뚝한 스태프다. 나는 짙푸른 빛이 감도는 무대를 가슴으로 느끼며 자리에 앉았다. 무대는 "안녕하세요! 재즈의 바다에 오신 당신을 환영합니다."라고 인사말을 건네는 듯했다.

빈센트 반 고흐는 론강이 흘러가는 남프랑스 아를을 사랑했다. 그곳의 파란 하늘과 유황빛 태양을 캔버스에 옮겼다. 그는 노란색을 좋아했고, 노란빛을 '사랑의 빛'이라

했다. 노란색 집에 살면서 짙은 청록색 밤하늘과 론강에 비친 가스등 불빛을 그림으로 남겼다. 화가의 눈에 들어온 하늘, 강, 별, 불빛은 연주가를 사로잡는 악기처럼 그의 손에서 마법을 부렸다.

공연장에 들어가 자리에 앉으면 나도 눈과 귀를 조율해야 할 것 같은 긴장감에 젖는다. 정돈된 무대 앞에서 비행기에 올라 이륙을 기다리는 여행자가 되기도 한다. 자리를 찾느라 웅성거리는 소리는 묘한 친밀감을 느끼게 한다. 짧은 시간이나마 함께 감상에 젖을 사람들은 음악적 정서를 나누는 친구가 된다.

2019년 한 해가 저무는 때였다. 강릉아트센터의 객석은 빈자리가 없었다. 연주를 시작하는 종소리가 울리고 무대 위에 조명이 들어왔다. 두 명의 연주가와 재즈 보컬리스트 나윤선이 무대에 섰다. 웨이브 진 긴 머리가 어깨 위에서 찰랑거렸다. 통이 넓은 흰색 바지에 포도주색 재킷을 입은 매무새는 깔끔하고 단정했다. 그들을 환영하는 박수 소리가 채 잦아들기 전에 연주가 시작됐다.

「모멘토 매직코(Momento Magico)」, 시작부터 신비의 세계로 정신없이 끌려 들어갔다. 인간의 목소리가 그토록 다양할 수 있다니, 악기와 어울려 빚어내는 하모니는 밤하늘을 수놓는 오로라가 되었다. 보컬은 겹겹이 쌓는 목소리 믹스에 관객의 눈빛을 얹어 누구도 범접하지 못할 소리의 성을 만들었다. 나는 날개를 펼쳐 하늘을 날았다. 지느러미를 휘저으며 바닷속을 헤엄쳤다. 연주는 얼음 위를 걷는 무거운 발걸음이었다가 갑자기 번개와 기 싸움을 벌이는 천둥으로 변했다. 빠름과 느림, 셈과 여림으로 촘촘하게 짠 그물이 나에게 던져진 것 같았다. 거친 숨소리와 추녀 밑에 달린 가늘고 긴 고드름 같은 고음이 리듬을 탔다. 무대 위에는 작은 거인이 서 있다. 기타와 드럼의 신들린 듯한 연주가 그녀의 리듬 박수와 발장단을 만날 때, 나는 스페인 안달루시아 지방에 머무는 방랑자가 되었다. 러플이 요동치는 플라멩코 드레스를 입은 눈썹 짙은 무희와 어깨를 맞추기도 했다.

밤하늘과 꿈꾸게 하는 별과 론강이 빈센트의 캔버스에서 위대한 예술이 된다. 마차와 기차가 공존하던 19세기 말, 그는 자신의 모자에 초를 둘러 꽂은 채 그림을 그렸다고 전해진다. 강 언저리에서 밤을 불러 모으는 마법사의 걸작을 만나는 것은 커다란 축복을 받는 일이나. 무내 위의 작은 서인과 홀을 채운 관객이 하나 되는 경험 또한 화가의 걸작을 만나는 일과 다르지 않다.

청바지에 티셔츠를 받쳐 입은 기타리스트는 피아노와 신시사이저를 오가며 온몸으로 연주했다. 덩치 큰 더블베이스를 사랑하는 연인처럼 끌어안았다가 밀어내기를 반복하며 소리를 더했다. 드럼의 열정적인 비트에 가수의 목소리를 실어 환상의 세계를 연출했다. 그들의 땀이 조명을 받아 별처럼 반짝거렸다. 보컬이 뿜어내는 신비한 목소리에 젖었다. 기타리스트의 섬세한 연주에 젖었다. 드럼연주자가 분출하는 용암 같은 애드리브에 또 젖었다. 나는 한 상에 어우러진 재즈에 취해 환희를 맛보았다.

나윤선이 부리는 마법의 세계는 목소리가 주인공이다. 목소리에 악기의 현란한 연주가 더해져 절정의 순간으로 관중을 이끈다. 기타 선율에 맞추어 부른 「초우」는 방랑 중에 잠시 고향에 들른 음유시인의 고단함이 녹아내리는 것처럼 느껴졌다.

빈센트는 '밤 풍경이나 밤의 효과를 야외에서 그리는 일이 말할 수 없이 흥미롭다.'라는 내용이 담긴 편지를 남겼다. 강 위에 반짝이는 별은 예술가의 마음을 헤아려 기꺼이 밤하늘을 거닐었다. 밤하늘에 드러누운 큰곰자리는 화폭에 담겼고, 가스등 노란 빛은 예술혼에 불을 붙였다.

나윤선은 "인간의 목소리가 세상에서 가장 아름다운 악기다. 목소리 색깔과 개성이 서로 다르므로 아름답다."라는 말을 했다. 재즈 거장의 반열에 오른 그의 한마디가 곱고 강하다.

단풍의 혼이 하늘에 물드는 겨울밤이다. 텅 빈 무대는 조명을 끄고, 객석에 남은 그림자들과 밤이 새도록 두런거릴 것이다. 연주회장을 빠져나오는 나에게 나의 악기가 나지막이 속삭였다. 그녀의 공연에 다문다문 고흐의 별빛이 내렸었다고. 덧붙여 나는 노래와 그림과 감동에 대하여 기록해야 하며, 그러지 않고는 배기지 못할 밤이 될 것이라고.

음악에 도취한 사람들은 「아를의 별이 빛나는 밤」 속에 그려진 연인처럼 집으로 돌아갔고, 별을 따라간 재즈는 밤하늘에 흘렀다.

당신의 안전지대는 안전한가요?

건강관리센터 안으로 들어갔다. 이른 시간인데도 대기실 의자에 빈자리가 없었다. 사람들은 앉거나 서서 접수 순서를 기다렸다. 내 차례가 되어 접수를 마치고 검사용 가운을 갈아입었다. 벗은 옷과 소지품을 사물함에 넣고 문을 잠갔다. 주머니 속 열쇠는 이방인의 가방에 숨은 여권 같았다.

혈압측정계에 팔을 넣었다. 팔뚝을 한껏 조이다 서서히 풀어준다. 움켜쥔 압박이 회오리처럼 몸 전체를 돌아 손가락 끝으로 빠져나갔다. 준비운동 같아서 흘깃 스쳐보고 다음 장소로 이동했다.

흉부 엑스레이 사진을 찍었다. 고개를 빳빳하게 세우고 뒷짐을 진 자세로 사각 널빤지에 가슴을 바싹 들이댔다. 약간 들린 뒤꿈치가 전진을 외친다. 어두운 공간에 홀로 서서 깊게 숨을 들이마시고 잠시 그 상태를 유지했다. 살아오는 동안 남 앞에서 이렇게 꼿꼿했던 적이 몇 번이나 있었던가. 내가 나에게 미안했다. 지금부터라도 꼿꼿해지자는 다짐을 흑백 사진 한 귀퉁이에 살짝 밀어 넣었다. 아무도 모를 거다, 내 각오가 거기에 박힌 것을.

글로 옮기기 싫은 검사도 있다. 그러나 싫다고 벅벅 지워가며 사는 게 인생이 아니지 않는가. 알약 한두 개나 손금 정도로 검사를 대신할 수는 없을까. 눈꺼풀을 살짝 뒤집어 보고 진단하는 방법도 환영이다. 육중한 기계가 젖가슴을 중심에 두고 서서히 좁혀온다. 여린 것이 자린고비 손에 잡혀 있는 다 쓴 치약 통이 된다. 등과 뱃가죽이 달라붙은 치약 튜브 말이다. 밀려오는 통증에 백기를 들기 직전 촬영이 끝났다. 사람의 목숨은 하늘에 달려 있다는데 이 난리를 쳐 봐야 무슨 소용 있겠는가. 민망하지만 어쩔 수 없는 일 아니냐며 나를 달래 자궁암 검사를 받는다. 로봇이 수술을 집도하는 시대에 오래도록 이어져 온 방법으로 스트레스를 받게 하는 현실이 밉다. 생체 인식 정도로 간단히 진단하면 좋을 텐데. 나도 모르게 이미 넘치고 넘쳐 혼란스러운 세상에 하나의 필요를 얹었다. 불만을 삭이느라 힘을 써서 그런지 허기가 밀려왔다. 덩달아 따라온 현기증을 다스리며 내시경실로 갔다.

몸과 마음이 지쳐 있다. 눈을 감지 마세요. 침은 삼키지 말고 휴지에 흐르게 하세요. 숨을 천천히 쉬고 몸에 힘을 빼세요. 주의 사항이 이불이 되어 겹겹이 몸을 덮었다. 마우스피스가 입에 장착되고 검은색 호스가 입안으로 들어온다. 저절로 온몸에 힘이 들어간다. 다시 한번 주의 사항이 날아오고, 두려움과 물리적 촉감으로 헛구역질이 난다. 마우스피스에 제압을 당한 혀는 처음부터 존재가 없었던 것처럼 입안에서 웅크리고 있다. 마취된 목에 맥없이 기댄 채 입 밖으로 줄줄 흘러내리는 침을 속수무책으로 보고만 있다.

나는 신화에 등장하는 사투르누스가 되었다. 그는 훗날 아들에 의해 죽임을 당할 것이라는 신탁 때문에 아들을 낳는 족족 잡아먹는다. 또다시 아이를 잃고 싶지 않았던 아내 레아는 보자기에 돌을 싸서 아이라고 속여 남편에게 건넨다. 어머니의 지혜로 살아난 여섯째 아들이 제우스다. 그는 배 속에 갇혀있던 다섯 형을 토하게 한 다음 아버지를 죽인다. 마드리드 프라도 미술관에서 본 고야의 그림 「자식을 잡아먹는 사투르누스」가 내시경에 위를 내준 때 새삼스레 떠올랐다. 굵고 시커먼 호스를 배 속에 들여보내니 척추에 친구가 생긴 것 같았다. 긴 호스가 빠져나갔다. 사투르누스의 아들도 이렇게 한 명씩 밖으로 튀어나왔을까. 마취가 풀리지 않아 뻐근한 목을 다독이며 다짐했다. 다음부터는 돈을 쓰겠다고.

난이도 있는 문제를 먼저 풀고, 기초 문항과 마주한 모범생처럼 채혈을 마쳤다. 마지막 둘은 초등학교 다닐 적에 하던 방식 그대로다. 한쪽 눈을 가리고 'C - 새 - 6 - 가'를 위에서 아래 방향으로 잘 읽었다. 괜히 가슴이 뿌듯했다.

의자에 앉아 헤드폰을 썼다. 아련히 들려오는 기계음 속에 꿈꾸는 소녀가 들어 있다. 가슴 저미는 그리움이 밀려왔다. 어릴 적 마을을 지나는 완행열차의 숨소리 같은 발신음이 귀에 찼다. 바스스 고개를 드는 유년의 추억 한 장, 그것에 인사도 하기 전에 청력 검사가 끝이 났다.

바깥에는 비가 내린다. 우산을 쓰고 주차장을 걸었다. 검사를 받느라 맥이 빠져 버린 나는 우산대에 기댔다. 사방으로 뻗어나간 우산살에 대고 물었다. 마음이 자리한 안전지대는 괜찮은지 물어봐 주면 안 될까요? 안전지대가 안전하지 못할 때가 가끔 있거든요. 물음은 우산살을 타고 무연히 땅에 떨어졌다.

루이제 린저는 안전지대를 승리의 구역이라고 정의했다. 고통의 한가운데에는 아무리 심한 고통도 닿지 않는 보호 구역이 있으며, 그곳에는 일종의 기쁨이 있다고도 했다. 그곳을 용납이 가져다준 승리의 구역이라고 이름 붙인 것이다.

나는 손바닥을 펴서 안전지대를 누르며 나의 물음에 대답했다. 거기 통증은 기계로 잴 수 있는 게 아니지. 감빛 노을과 알비노니의 아다지오 선율, 뜨거운 르완다 커피 한 잔이면 충분해. 영원히 기대고 사랑해야 할 안전지대에 대한 안전은 스스로 지키는 거야.

차에 시동을 걸었다. 맛있게 익은 김장김치가 눈앞에 아른거린다. 집으로 돌아가 허기를 달랠 생각을 하니 입안 가득 침이 고였다.

꿈이 뭐길래

식당에 들어가 운동화를 벗어놓고 자리에 앉았다. 여럿이 어울려 밥을 먹었다. 식사를 마치고 나오는데 신이 안 보였다. 신발장과 바닥 어디에도 없었다. 주인이 파란색 낡은 운동화를 가져왔다. 내 신발은 희고 새것인데 엉뚱한 걸 내놓고 신으라 하니 기분이 나빴다. 빛바랜 신을 내려다보며 애를 태우다가 잠에서 깼다.

시계를 보니 꼭두새벽이다. 찝찝한 마음이 영 가시지 않았다. 머리맡에 둔 핸드폰으로 '신발 잃어버린 꿈'을 검색했다. 소중한 무언가를 잃게 된다고 나왔다. 한마디로 재수 없는 꿈이다. 어느새 재수 없는 하루가 창가에 와서 서성이는 것 같았다. 달아나는 잠의 끄트머리를 붙잡은 채 무지근해진 몸을 뒤척였다.

이전에 기분을 언짢게 했던 몇몇 꿈들을 되짚어 보았

다. 학교에 지각하는 꿈, 옷이 없어 속옷 차림으로 외출하는 꿈, 귀신인지 도깨비인지 분명치 않은 형체가 문을 열려고 하는 꿈이 그랬다. 도망가려고 해도 발이 떨어지지 않는 꿈은 거의 악몽이다. 발을 동동 구르며 밤을 새운 듯하지만 기실 무의식 상태에서 짧은 시간 동안 겪는 일이라 한다. 어찌 됐든 언짢은 꿈이 나를 혼돈에 빠뜨린 적이 있었던가. 희한한 꿈을 꾸고 인생의 전환점을 맞는 사람도 있지만, 보통 사람에게 그것은 스치는 밤바람에 지나지 않는다. 심심한 바람이 내게 걸어온 장난 정도로 여기며 마음을 추슬렀다.

어머니는 꿈에 예민했다. 먹는 꿈을 꾼 날은 아픈 사람이 생긴다며 아침부터 주의를 당부했다. 어머니가 재수 없는 꿈을 꾼 날에 누가 아팠는지 기억나지 않는다. 그건 꿈의 위세가 보잘것없는 것이었거나, 가족 모두 어머니의 당부에 따라서 조심하며 날을 보냈기 때문이리라. 잠이 떠난 빈자리에 유년의 기억을 불러내 마음의 진정을 다졌다. 그런데도 새벽은 떨떠름한 표정으로 나를 지켜보고 있었다.

잃어버린 운동화에 짓밟혀 엉망이 될 오늘의 재수를 헤아려 보았다. 건강, 가족, 세계 평화, 지구 온난화 등등이 손가락에 걸렸다. 건강에 빨간불이 켜진다면 운동화 때문일까. 나 때문에 지구가 혼돈에 빠지면 난 초능력자다. 내 꿈이 세상을 뒤흔들 수 있다면 밤낮으로 잠만 자겠다.

부젓가락으로 화로를 헤집듯이 갖가지 상념이 머릿속을 들쑤

셨다. 이불 속에서 재수 없는 꿈을 바투 잡고 새벽 시간을 보내다 보니 문밖이 희붐하게 밝아왔다. 벽 같은 책장이 모습을 드러냈다. 중국 명나라 문인 홍자성이 지은 『채근담』이 눈에 띄었다. 책에 있는 '인정승천 지일동기(人定勝天 志一動氣)'란 구절이 나에게 다가왔다. 사람이 굳게 마음먹으면 운명을 이겨내고, 심지가 한결같으면 기질을 움직인다는 뜻이다. 평소 좋아하는 글귀를 되뇌니 마음이 다소나마 편안했다. 꿈은 죄가 없다. 문제는 머릿속을 맴돌며 재수를 들먹이는 내 안의 속삭임이다. 하여튼 떨떠름한 꿈을 꿨으니, 하루를 잘 건너기 위해 소소하게 대책을 세웠다. 운명과 기질을 손에 움켜쥐고 운세의 흐름을 돌려놓겠다는 야무진 계획이다.

먼저 집 안에서 조심할 일이다. 한번은 침대 모서리를 걷어차 새끼발가락이 부러졌었다. 외출을 서두르다가 생긴 사고였다. 도마질 중에 칼을 놓치는 일도 심심찮게 벌어진다. 부엌 바닥이 온통 칼에 베인 흉터투성이다. 자칫 잘못하면 크게 다칠 수 있다. 인터넷 쇼핑몰을 조심해야 한다. 필요함이 절절해 들여놓았지만, 후회를 안겨주는 물건이 얼마나 많은가. 집밖에서는 기본만 지켜도 좋은 날이 될 수 있다. 운전 중 어린이 보호 구역에서 바짝 정신을 차려야 한다. 핸드폰 화면을 보며 걷는 건 눈을 감은 것과 같다. 친구와 만나 웃고 이야기 나눈다면 그 무엇도 나를 건드리지 못할 것이다.

아침을 먹고 나서 그날 할 일을 메모했다. 나를 지키는 부적이다. 새벽잠을 설치며 떠올렸던 일들을 차분한 마음으로 실천했다. 가지런한 시간이 종일 나와 함께 했다. 해 질 녘에는 꿈에 잃어버린 하얀색 운동화를 신고 자전거를 탔다. 신고 나가면 젊은이 같다는 말을 듣는 물건이다. 신발만 젊어 보였을 텐데 마음이 흔들렸다. 그래서인지 요즘 들어 자주 신었다. 나의 유치함이 드러나는 대목이다. 즐겨 신다 보니 발이 편했다. 편안함을 느끼는 건 이미 몸에 배어 익숙하다는 걸 의미한다. 사람도 길도 그렇다. 옷은 안 그런가. 비싼 옷을 뒤로하고 늘 입는 싸구려 옷에 손이 간다. 아무리 그렇더라도 애착이 가는 신발이 꿈에 나타날 건 뭐람. 그것도 잃어버린 신발로.

삶은 나뭇가지처럼 갈래갈래 뻗어나가 인생이 된다. 가지마다 웃음과 눈물이 겹겹이 쌓여 사는 일을 만든다. 자칫 겹겹이 쌓은 일상의 무게에 짓눌리면 본질을 잃어버리는 오류에 빠지게 된다. 오류는 후회와 책망으로 채운 어제를 만들고, 두려움과 걱정을 앞세운 내일을 불러들인다. 삶을 대하는 자세를 지레 옳지 않은 방향으로 이끌고 만다. 삶 자체보다 삶을 대하는 관점이 문제일 수 있다는 뜻이다. 마지막에 가서는 의식이 무의식의 손아귀에서 힘을 쓰지 못하는 일이 벌어지기도 한다. 꿈이라는 것도 그런 현상 중의 하나가 아닌가 싶다.

꿈이 뭐길래 나의 새벽이 흔들렸을까. 재수 없는 날을 예고하는 꿈 덕분에 알찬 하루를 보냈다. 다음에 또 재수 없는 꿈이 나를 찾으면 일찌감치 부적을 만들 생각이다. 거창하게 부적이라고 표현했지만 실은 특별할 것 하나 없는 내용이다. 누구나 마음 속에 지니고 살아야 할 기본 중의 기본이 아니겠는가. 어쩌면 그 기본을 지키는 일이 가장 특별한 것일 수도 있겠다.

영화 속 그들처럼

여름철 무더위를 이기는 방법은 여러 가지가 있다. 그 중 하나는 눈 덮인 산을 배경으로 하는 영화를 보는 것이다. 대학에 입학하던 해 영화 「페세이지(The Passage)」가 개봉됐다. 영화를 보는 내내 시원하다 못해 뼛속까지 얼어붙는 듯했던 기억은 사십 년이 지난 지금까지도 생생하다.

바스크족 양치기에게 레지스탕스로부터 제의가 들어왔다. 나치가 점령한 프랑스에 있는 물리학 교수와 가족 세 명을 스페인으로 탈출시키는 일이다. 교수는 나치의 실상을 고발하여 위험에 처하게 된 인물이다. 탈출로는 온통 눈 세상으로 변한 피레네산맥이다. 영화는 길 안내를 맡은 양치기와 교수 가족이 냉혹한 친위대 대위가 지휘하는 게슈타포의 추적을 따돌리며 산을 넘는 고난을 그렸다.

이어지는 긴장과 넘치는 스릴은 관객을 집중시켰다. 골

짜기에 몸을 감춘 내가 계속 등장인물을 따라가고 있다는 착각에 빠지게 했다. 한층 서늘한 기운을 느낀 건 그 착각 때문이었을 것이다. 그런데 영화를 감상한 뒤에 한 가지 의문이 생겼다. 목숨을 건 피난길에 왜 유리창 짐을 짊어지고 가는 걸까. 절체절명의 위기 속에서 그게 그렇게 중요한가. 유리가 귀했던 시절이니 그럴 수도 있겠구나. 유리창에 특별한 추억이 담겼나 보다. 크기로 봐서 싱크대 앞에 달면 적당할 정도였다. 몇 장을 포개 끈으로 묶은 짐이 너무나 무겁게 여겨졌다. 마치 그들이 극복해야 할 인생의 무게처럼 보였다.

그때 던졌던 질문에 대한 답을 한참 세월이 흐른 뒤에 찾았다. 연로한 어머니의 얼굴 주름살이 알려줬다. 소중한 것의 의미는 사람마다 다른 모습으로 남는다고 말이다. 나에게 물었다. 살면서 끌어안고 넘었던, 함께 걸었던, 힘들 때마다 곁에서 지켜줬던, 영화에 나온 유리창 같은 존재가 있는가.

맨 먼저 꼽을 수 있는 것은 니코스 카잔차키스가 보내 준 선물, 『그리스인 조르바』이다. '사람은 광기가 있어야 한다. 그것이 없으면 자신을 묶고 있는 사슬을 끊지 못해 자유를 얻을 수 없다.'라는 메시지가 담긴 책이다. 행동은 천방지축이지만 진실하고 열정이 넘치는 조르바에게 반했다. 그의 광기에 빠져들었다. 조르바로 하여금 세상을 향하여 저돌적으로 달려들게 하는 광기는 그가 지키려는 자유의 수호신이다. 자유는 어느 날 문밖에서 나를 찾아오는 것이 아니라, 자기 안에 웅크리고 있는 불씨를 본인

스스로 살리는 것이라고 했다. 본질이나 진실과 거리가 먼 것에 얽매여 삶의 언저리에서 서성거리는 것은 바보짓이라고도 했다. 오십 대 초반에 삶의 방향을 바꾼 건 그를 만났기 때문인지도 모른다. 그의 광기를 내가 접수한 것이다. 나는 한 권의 책이 사람을 변화시킬 수 있다는 사실의 진정성을 믿는다.

두 번째는 클래식 음악 방송이다. 삶의 일부가 되어 함께한 지 오래다. 해 질 녘, 고단한 청취자의 하루를 서정의 들판에 눕혀 안식을 찾게 하는 「세상의 모든 음악」은 음악을 들으며 지구촌 곳곳을 여행하고, 모든 이들을 이해와 사랑으로 대하게 만든다. 음악이 주는 위로와 격려의 힘은 무엇보다 강하다. 기력이 쇠한 일상을 다독여 다시 노를 젓게 한다. 잔잔하게 흐르는 선율을 따라 마음의 들길을 걷는다. 때로는 하늘을 나는 새가 되고, 호수를 가르는 백조가 된다. 음악 방송이 보내 준 빛과 날개 덕분이다.

빼놓을 수 없는 것 하나, 멈추지 않는 바다와 늘 부서지는 파도와 춤추는 갈매기다. 묶어서 그냥 바다라고 하겠다. 뒤죽박죽으로 남은 머리와 가슴을 안고 바닷가에 서면, 광대한 우주에 있는 모래알 크기의 내가 된다. 머리와 가슴은 더 작아진다. 바다에서 형편없이 작아진 나는 다시 움트는 씨앗이 되어 일상에 뿌리를 내린다.

소중한 책상에 앉는다. 작고 낡은 책상은 오롯이 내가 나를 들여다볼 수 있는 곳이다. 읽고 생각하고 쓰며 세상을 뒤적인다. 경험과 인식이 상상의 나래를 펼친다. 상상의 세계에서 꽃이 피어나고 사랑의 시가 향기를 뿜어낸다. 때로 지난날을 위로하고 현재의 나를 응원한다. 고통이 천둥처럼 다녀간 계절과 감동의 별이 은하수를 이뤘던 밤을 다시 보여준다. 지난날은 추억으로 남고, 나는 추억을 곱게 단장하는 시간을 보낸다.

나의 모두를 걸어 잠그고 하나만 풀어줄 수 있을 때 선택하고 싶은 것이 있다. 아르헨티나 국민가수 메르세데스 소사가 부른 「삶에 감사합니다(Gracias a la vida)」이다. 군부독재에 저항하다 추방당해 스페인으로 망명했던 그녀가 위험을 무릅쓰고 다시 고국에 돌아와 대중에게 희망과 용기를 주기 위해 불렀던 노래다. 바람에 흔들리고 꺾일 때도 있지만 끝내 감사로 남는다면, 삶은 얼마나 빛나고 아름다운 것이 되겠는가. 눈을 지그시 감고 마이크 앞에 앉아 노래하는 모습은 신비로운 우수를 연상시킨다. 깊은 땅속에서 퍼 올리는 듯한 목소리는 들을 때마다 감동을 주고 '감사'라는 단어가 더욱 반짝거리게 한다.

책과 음악과 추억을 만나고 바다의 답을 들을 수 있는 모든 순간이, 나에게는 자유를 찾아 험로를 지나는 가족의 유리창 못지않은 것들이다. 쓰러진 오뚝이를 다시 일어서게 하는 무게 중심과도 닮았다. 누구나 한 번쯤은 일상의 무게 중심을 잃고 허우적거린 적이 있을 것이다. 또 무엇엔가 기대어 오뚝이처럼 다시 일어서지 않았겠는가. 우리는 날마다 산을 넘고 강을 건넌다. 각자 소중한 것에 기대어 유리창을 짊어지고 눈 덮인 피레네산맥을 넘는 영화 속 그들처럼 힘을 내면 좋겠다.

벼랑 끝 거짓말

나를 처음 만난 사람들은 대체로 '착해 보인다'라는 말을 인사에 넣는다. 어디선가 본 듯한 두루뭉술한 얼굴 때문에 그럴 것이다. 어릴 때는 바른 사람으로 인정받는 것 같아서 기분이 좋았다. 그러나 어른을 보고 그런 말을 하면 듣는 사람으로서는 몹시 민망하다.

세상에는 때로 겉모습에 어울리지 않는 행동을 하는 사람이 있다. 내가 그런 사람이 된 적이 있다. 벼랑 끝에서 한 사람을 밀어 버린 것이다. 늦은 감이 있지만, 이제라도 글을 통해 깊은 성찰의 시간을 갖고자 한다.

대학 졸업식 다음 날 전보가 왔다. 교육청에 들어와 교사 발령장을 받으라는 내용이었다. 시험 순위로 봐서 한 학기 정도 기다릴 각오를 했던 터라 신이 났다. 2월의 끝자락에 다다른 하늘은 설익은 행운을 환영이라도 하는 듯이 진눈깨비를 뿌렸다. 콧노래를 부르며 정장을 손질하고 있을 때, 두 번째 전보가 도착했다. 사정이 생겨 발령을 취소한다는 것이다. 콧노래는 순식간에 진눈깨비에 섞여 하수구로 흘러갔다. '무슨 착오가 있었겠지' 생각하며 서운함을 달래고 세 번째 소식을 받기까지 거의 2년이 걸렸다.

얼마간은 그 정도야 별것도 아니라는 듯이 여유를 부렸다. 그러나 대기하는 시간이 1년 가까이에 이르자 초조감은 점점 몸집을 불렸다. 당시는 순위 고사를 본 사람이 2년 안에 발령을 받지 못하면 모든 것이 무효가 되는 때였다. 마치 유통기한을 얼마 남기지 않은 우유를 바라만 보는 심정이랄까. 급기야 미래에 대한 소신마저 흔들어 놓았다.

서슬 퍼런 5공화국 시절에 몰래 비밀과외를 했다. 기간제 강사로 교단에 섰을 때는 또다시 교생 실습을 나간 것 같았다. 이어서 한 종합병원에 서류를 냈다. 뽑아 주면 병원에 뼈를 묻겠다는 다짐을 보여 간호부장의 허락을 받았다. 수술용품 준비, 병실 물품 배부, 의료기 세척 및 소독 등 참으로 생뚱맞은 일상이었다. 시간이 지날수록 병원 일은 손에 익었고, 소망의 무대는 조명이 까물까물 꺼져갔다. 애타는 가슴은 텅 빈 무대 구석에 웅크린 달팽이가 되었다. 차마 포기할 수 없었던 기다림은 막판을 코앞에 두고 끝이 났다. 득달같이 달려가 길고 복잡한 장학사의 말을 수첩에 적었다. 내용은 대략 이러했다.

학기 중에 결원이 생겼고, 다음 순서는 K 씨다. 그는 이미 대기업에 취직한 상태며, 전화로 교직은 포기한다 했다. 문제는 그가 행정 처리를 위한 포기 서류를 제출하지 않는 데 있다. 그러니 당신이 가서 서류를 받아 오라. 단, 그의 결정이 흔들릴지 모르니 신분은 담당 직원이라 해라.

다급해진 나는 따져 물을 것도 망설일 것도 없었다. 그가 포기해야 다음 순서인 나에게 기회가 오기 때문이다. 연극 같은 일이 벌어진 것이다. 하지만 그곳에 쟁여 둔 꿈이 있으니 기꺼이 무대에 섰다.

세종문화회관 근처에 있는 회사를 찾아갔다. 사무실 사람들은 모두 근사한 모습이었다. 거기 속해 있는 K도 멋있고 당당해 보였다. 그가 차를 권하며 면접시험을 진행하는 시험관처럼 질문했다. 공석이 생긴 곳은, 학교 규모는, 서울에서 그곳까지 얼마나 걸리는지, 자취할 만한 집은 있는지.

상대 배우는 대본에 없는 말을 툭툭 던졌다. 대사 없이 포기 서류만 받아 오는 역할을 맡은 나는 당황했다. 소용돌이치는 위기에서 벗어나기 위해 마음을 진정시켰다. 차를 한 모금 마시고 심호흡을 한 다음, 애드리브로 맞섰다. 기차로 12시간이나 가야 하는 강원도 산골 마을이다. 온통 석탄 가루로 뒤덮인 탄광촌이다. 남자 고등학교라서 분위기가 거칠다. 목욕탕, 슈퍼마켓, 은행 등 제대로 된 시장이 없어 도시 사람은 적응하기 정말로 힘들 것이다.

K를 만나기 직전에 정선을 답사한 것처럼 거짓말이 술술 나왔

다. 나는 그때까지 거기에 간 적이 없었다. 그곳에 대해 아는 사람을 만나 본 적도 없었다. 거짓말쟁이는 유년 시절을 보낸 탄광촌의 기억을 되살려 엉뚱한 곳에다 덧씌운 것이다. 상대의 다음 대사는 침묵이었다. 눈빛은 흔들렸고 사무실 조연들은 간곡히 그를 만류했다. 나는 막이 내리기를 애타게 기다리며 식은 차를 마저 마셨다. 잠시 뒤에 그가 다음 대사가 무엇인지 물었다. 나는 부르고 그는 받아썼다.

'포기원, 성명, 저는 개인 사정으로 교사 발령을 포기합니다.'

서류를 받아 가방에 넣고 무대에서 내려왔다. 뒤에서 '잠깐만요!' 하면서 불러 세울 것 같아 꽁지 빠지게 빌딩을 벗어나 북적이는 인파 속에 몸을 숨겼다.

정선행 버스에 올랐다. 목적지에 다가갈수록 차창 밖으로 펼쳐진 풍경에서 눈을 떼지 못했다. '아, 이럴 수가!' 높은 산이 에워싼 그곳은 조양강 품에 안긴 맑고 아늑한 군청 소재지였다. 분명히 있어야 할 검은색 가루 뒤집어쓴 산과 지붕은 보이지 않았다. 깔끔한 거리와 다채로운 시장이 나를 환영했다. 내 몫을 찾겠다며 상상력을 동원하여 허구를 만들었다. 경쟁자를 협박하여 새 출발을 한 것이다. 죄책감이 버스 꽁무니에 매달려 나를 따라왔다.

착하게 보이는 나는 거짓말을 했다. 기다림에 지친 마음이 '벼랑 끝'을 끌어당겨 무릎에 올려놓은 것이다. 인생의 길목에 버티고 선 '벼랑 끝'은 순한 흐름을 뒤흔들어 혼돈의 강으로 몰아간다. 본연의 고상함에 접근하여 사고의 바탕을 편협한 골짜기에 던지게 한다. 길목에 갇혀 허우적거릴 때 절박함이 내미는 손은 달다. 그러나 그 손을 잡아야 할 때는 정신을 가다듬어야 한다. 이따금 옛일을 추억하며 나에게 묻는다.

K는 정선을 보았을까?

나는 보이는 대로 착하게 살고 있는가.

퐁네프의 연인과 소녀들

여행 일정에 유람선 관광이 있었다. 저물녘에 관광버스가 선착장에 도착했다. 나는 입장권과 크루즈 안내문을 받아들고 배에 올랐다. 한글 안내문에는 '전설의 파리 크루즈, 바토 무슈가 여러분을 환영합니다!'라고 적혀 있었다. 유람선 안은 여행객들로 만원을 이루었다. 한국인과 중국인이 대부분이다. 서로 다른 언어를 쓰는 비슷한 외모의 사람들이 뒤엉켜서 배는 색다른 섬이 되었다.

도시가 어둠에 잠길 무렵, 강변에 나와 춤추고 마시며 사랑을 나누는 사람들의 모습이 강에 비친 불빛과 어우러졌다. 이방인의 눈에 파리의 밤은 신비롭고 화려했다. 에펠탑은 매시간 온몸에 반짝이 불을 켜 존재감을 드러냈다. 유람선은 탑을 뒤로하고 강의 동쪽으로 우리를 이끌었다. 나는 떠나온 집과 복잡했던 일상을 어둠에 묻고 센

강의 밤 풍경에 빠져들었다.

강을 끼고 늘어선 오르세 미술관, 루브르 박물관, 파리 시청, 노트르담 대성당을 먼발치에서 바라보는 것만으로도 가슴이 벅찼다. 연이어 다가오는 다리를 지날 때는 파티에 가려는 숙녀가 된 기분이었다. 거울 앞에서 화려한 머리띠를 바꿔가며 둘렀다 벗는 숙녀 말이다. 배가 퐁네프다리 가까이에 다가갔을 때쯤이었다. 몰래 따라온 추억 하나가 등을 두드렸다.

교사가 학생들을 선동하여 함께 땡땡이를 쳤던 일이다. 그건 순전히 퐁네프다리 때문이었다. 아니, 연인들이 문제였던가. 정도를 넘은 나의 순정일 수도 있겠다. 어쨌거나 퐁네프다리에서 펼쳐졌던 거칠고 비린 사랑 이야기는 서른을 갓 넘은 내 감성 더듬이를 멈춰 세웠다.

1992년 영화 「퐁네프의 연인들」이 개봉됐을 때다. 나는 여고 졸업반 담임을 맡고 있었다. 퇴근을 하면 두 아이를 돌보느라 영화 한 편 제대로 못 보던 시절이다. 신문에 나온 영화 기사를 오려 수첩에 넣고 다니며 극장에 갈 틈을 노렸다.

학교는 5교시가 끝나면 청소를 했다. 우리 반은 수업에 참여하지 않는 배구부 다섯을 포함해서 이십오 명이 전부였다. 성실하고 착한 아이들은 늘 주어진 시간보다 일찍 청소를 마쳤다. 일을 벌이던 날 나의 오후 시간은 계속 우리 반 수업이었다. 벚꽃잎이 날리는 창밖을 내다보다가 아이들에게 넌지시 말을 던졌다.

"애들아, 오늘 날씨 참 좋지?"

"네, 좋아요."

"저기 좀 봐, 눈이 온다. 벚꽃 눈."

"선생님, 야외 수업해요!"

슬쩍 쳐놓은 그물에 소녀들은 한목소리로 걸려들었다.

"좋아, 오늘 야외 수업 장소는 극장이야."

아이들은 의아한 눈빛이었고, 틈을 노리던 나는 서둘렀다. 네 명씩 다섯 개 조를 짜고 외출증을 썼다. 이십 명 전원에게 외출을 허락한 것이다. 교감 선생님이 알면 격노할 짓이었다. 6교시를 알리는 종이 울리기 전에 시차를 두고 조별로 내보냈다. 아이들은 중요한 소지품만 챙겨서 나갔다. 나도 지갑만 들고 교실 문을 잠근 채 슬며시 뒤를 따랐다.

극장은 학교에서 가까웠다. 담임이 도착하자 아이들의 얼굴에 안도한 빛이 돌았다. 교복 자율화 시대였다. 사복을 입은 학생들은 제법 숙녀티가 났다. 2학기에는 대부분 취업이 확정된다. 그들을 사회로 내보낼 생각을 하니 서운함이 앞섰다. 어쩌면 그런 마음이 추억 만들기에 불을 지핀 게 아닌가 싶다.

화가 지망생 미셸과 거리의 부랑아 알렉스의 사랑 이야기가 화면에 펼쳐졌다. 학생들을 데리고 밖으로 나오면 교사의 신경은 온통 학생들에게 쏠린다. 스크린을 보다가, 아이들 표정을 살피다가, 틈틈이 시계를 봤던 기억이 아련하다. 영화에 몰입하는 소녀들의 눈빛은 진지했다. 그걸 보며 내가 친 그물에 싱싱한 청새치 한 두름이 걸렸다는 생각이 들었다. 열아홉 살 소녀들 가슴에 진한 사랑 이야기 하나씩 새길 수 있다면, 그건 일탈이 선물한 깨어남이라고 당위성을 부여했다.

알렉스가 지하도 벽을 도배한 연인의 얼굴 포스터를 불태우던 장면은 황홀하기까지 했다. 불꽃놀이를 배경으로 퐁네프다리에서 펼치는 연인들의 춤을 어떻게 잊을 수 있을까. 배경 음악은 또 얼마나 근사했던지. 크리스마스에 다리에서 뛰어내린 미셸과 알렉스, 때마침 다리 밑을 지나가던 모래 운반선, 그걸 타고 르아브르로 떠나는 결말은 감동적이었다.

졸업식을 하고 새 학기가 시작되기 전이었다. 영화를 다시 한 번 보려고 비디오테이프 대여점으로 갔다. 테이프 겉면에 쓰인 '청소년 관람 불가' 표시가 나를 노려보는 듯했다. 갑자기 얼굴이 달아올랐다. 청소년 관람 불가라니. 교사가 학생들을 꼬드겨 일과 중에 불법을 저지른 것이다. 극장 매표원은 알면서도 모른 척했을까. 어른이 한꺼번에 계산하니 눈감아 준 걸까. 보호자를 동반한 미성년자를 봐준 것일 수도 있겠다. 나만 몰랐을까. 의문에 의문이 꼬리를 물었다. 그러나 어쩌겠는가, 과거는 흘러갔고 소녀들은 이미 보호의 테두리를 벗어났으니 말이다.

팬데믹 직전에 유럽 여행을 다녀왔다. 한동안 가슴 떨리게 한 곳은 '파리같이 생긴 배'라는 뜻을 지닌 '바토 무슈'였다. 그곳에서 내 뒤를 밟은 추억 한 점이 불쑥 고개를 내민 것이다. 추억은 퐁네프다리쯤에서 나를 흥분의 도가니에 빠뜨렸다.

과거와 단절된 완전한 새로움이란 없다. 지나갔거나 앞으로 다가올 모든 순간은 실핏줄처럼 연결되어 있고 함께 숨을 쉰다. 가슴을 뜨겁게 하는 추억이 있다. 허무에 눌려 주저앉은 몸을 일으켜 세우는 어제도 있다. 지난 시간의 의미를 알면 현재를 함부로 대하지 않을 것이다. 그 일은 마음 편히 영화 한 편 볼 수 없었던 현실과 제자들에게 추억을 만들어줘야겠다는 이유가 공모한 일탈이었다. 그런 어제가 나를 미소 짓게 한다, 오늘.

빈자리

지난 삼 년 동안 책상과 친하게 지냈다. 사회적 거리두기가 일상화됐던 시기라 만만하게 기댈 곳은 책상밖에 없었다. 거기 앉아 책을 읽고 글도 썼다. 인터넷을 통해 세상 돌아가는 모습을 볼 수 있으니 크게 답답하지 않았다. 오히려 내가 보고 싶은 것만 볼 수 있어 마음이 편해지는 느낌마저 들었다.

한번은 명절을 앞두고 마을마다 내거는 현수막이 눈에 띄었다. 추석이 열흘 앞으로 다가왔을 무렵이다. 모질고 끈덕진 바이러스가 명절 문턱에서 가족 간의 만남을 노리고 있을 때였다. 보령의 한 마을은 '아들, 딸, 며느리야! 이번 추석에는 고향에 안 와도 된당께'라고 적은 현수막을 마을 입구에 내걸었다. 해를 넘겨 설을 앞둔 고향은 '추석'을 '설날'로 바꾸어 다시 걸었다. 부모의 가슴이 몹시 아렸겠지만, 안전을 위해 자식들의 발길을 미리 돌려놓는 것이었다.

코레일은 귀성 열차표를 창가 자리만 팔았다. 명절에는 자리를 더 늘려도 모자랄 판에 반을 비운 채 운행한 것이다. 뉴스를 보는 내가 다 서운했다. 지금 생각하면 도저히 현실로 믿기지 않을 만큼 기막힌 세월을 지나왔다. 당시 소식을 전하는 텔레비전에 빈자리로 휑한 기차 내부를 찍은 영상이 나왔다. 그날 밤은 기차에 남겨진 빈자리 때문에 하늘이 노래졌던 옛일이 떠올라 쉽게 잠들지 못했다.

1997년 봄에 있었던 일이다. 주홍색 재킷을 입은 여학생 스무 명을 인솔하여 무궁화호 열차를 탔다. 취업을 위해 면접장에 데려가는 길이었다. 기차는 네 시간 정도 달려 청량리역에 도착했다. 역 광장에는 대학생들이 가득 앉아 있었다. 도시 근교로 엠티를 가려는 모양새였다. 기타 반주에 맞춰 노래를 부르는 팀, 둘러앉아 게임을 하는 팀 등으로 광장은 시끌벅적했다. 한마디로 청춘이 넘쳤다. 나는 스무 마리 나비를 몰아 청춘이 우거진 숲길을 걸었다. 여고생들은 단박 시선을 끌었다. 얼굴도 날개도 온통 붉은 나비가 되어 총총히 숲을 빠져나왔다. 지하철을 이용해 잠원역까지 갔다. 회사는 역에서 멀지 않은 곳에 있었다.

면접은 예정대로 진행됐다. 다만 걱정스러운 일은 돌아가는 길이 퇴근 시간과 맞물려 있는 것이다. 고민 끝에 열 명씩 나누어 이동하기로 했다. 앞서 면접을 마친 학생들에게 예매한 차표를 줘서 기차역으로 보냈다. 얼마 후 남은 아이들 면접도 끝났다. 우리는 서둘러 전철을 타고 역으로 갔다. 이미 개표구가 한산했고 역무원이 늦게 온 사람들의 승차를 안내하고 있었다. 열차에 올라 자리를 찾아가는 중에 출발 신호가 울렸다.

기차는 점점 속도를 냈고 일행은 통로를 지나 지정된 곳까지 갔다. 도착하자마자 나는 내 눈을 의심했다. 애들이 안 보였다. 거기에는 주홍색 교복을 입은 학생들 열 명이 앉아 있어야 한다. 그런데 사람은 안 보이고 빈자리만 멀뚱히 남아 있는 게 아닌가. 빈자리는 휴일 아침 학교 운동장만큼 넓어 보였다. 얼마나 무서운 빈자리였던지, 지금 생각해도 아찔하다.

핸드폰이 없던 시절이다. 나는 차내 승무원을 찾아갔다. 사연을 말한 뒤 학생들을 찾아 달라고 간곡히 부탁했다. 승무원은 무전기를 이용해 청량리역 직원과 연락을 했다. 소식을 기다리는 동안 피가 마르는 것 같았다. 나비 열 마리가 빌딩 숲으로 날아가 버렸다고 생각하니 하늘이 노래졌다. 얼마 뒤 무전기가 삑삑거렸다. 애들이 뒤늦게 도착했다는 것이다. 그때서야 가슴을 쓸어내리고 다음 일을 살폈다. 부탁을 받은 승무원은 모두 꼼짝하지 말고 역에서 기다리라는 말을 무전기로 전했다.

나는 함께 있는 학생들에게 기차가 정차하면 혼자 내려 상행선으로 갈아타겠다고 했다. 역에 남은 나비들이 탈 열차는 자정쯤에 출발한다. 그때까지 그네들을 낯선 곳에 내버려 둘 수 없었기 때문이다. 모두 따라가겠다며 가방을 챙겨 들었다. 곧 사회로

나갈 졸업반 학생들이 엄마 손을 놓기 싫어하는 아기 같았다. 우리는 원주역에 내려 다시 서울행 기차를 탔다. 청량리역에 들어서니 교복이 눈에 띄었다. 평소 주홍색이 촌스럽다고 생각했었는데, 둘러앉아 있는 모습은 한옥 담장 위에 핀 능소화 같았다. 정말 예쁘고 사랑스럽게 보였다. 우리는 극적으로 상봉했다. 나비들은 잠원역에서 반대 방향 지하철을 탔다고 했다. 뒤늦게 알아채고 열 명이 우르르 뛰어다녔을 걸 생각하니 안쓰러우면서도 웃음이 나왔다. 기차표를 다시 끊고 공중전화로 각자 집에 전화를 걸었다. 새벽 3시, 태백역에 도착했을 때 마중 나온 가족들이 보였다. 집으로 돌아가는 학생들의 뒷모습을 보니 그제야 피로감이 몰려왔다.

누군가를 위해 마련된 자리가 비어 있을 때 누군가의 모습은 더욱 또렷하게 떠오른다. 코로나 시대에 곳곳에서 자리를 비우려고 안간힘을 쏟았었다. 명절에 자식을 기다리는 부모의 마음은 특별나다. 살아가는 힘이고 행복의 원천이다. 그런 마음이 빈자리를 만드는 현실을 받아들였다. 그건 내일에 거는 기대 때문이 아니겠는가.

나는 책상에 앉아 빈자리의 시대를 넘었다. 지속적인 거리두기로 내가 세상에서 잊히는 게 아닌가 하는 생각이 들 때도 있었다. 남과 마주하지 않고 보내는 시간은 벽을 보며 대화하는 것과 다르지 않다. 상대의 눈빛과 목소리의 소중함을 빈자리가 알려주었다. 그러다 이따금 시선이 닮은 사람을 만나면 얼마나 신나고 즐거운가. 그렇지 않은 만남도 괜찮다. 다름을 이해하고, 나를 돌아보는 계기가 될 것이니 말이다. 남과 어우러지지 않고 혼자 앉은 자리는 가득 차 있어도 비어 있음을 알아채게 한 삼 년이었다.

꾸꾸와 티코

꾸꾸는 한 남학생의 별명이다.

나는 고등학교 삼학년이던 꾸꾸의 교실에서 주 3회 수업을 했다. 오래선 얘긴데 당시 교실은 바위산 같았다. 교실에 들어서면 무엇에도 꿈쩍하지 않을 듯한 묵직한 분위기가 느껴졌다. 그 아이와 내가 묵직한 바위를 흔들었던 하루를 글로 쓰려고 뒤늦게 별명을 지었다.

꾸꾸의 외모와 인상을 떠올려본다. 175센티 정도 키에 몸무게는 어림잡아 80킬로는 됐을 듯싶다. 건장한 체격에 비해 얼굴은 젖살이 빠지지 않은 초등학생처럼 포동포동했다. 무엇보다 짧게 자른 머리 때문에 둥근 얼굴이 더욱 도드라졌다. 빛바랜 교복은 조금 힘을 주면 곳곳이 금방 터질 듯했다. 삼 년 동안 불어나는 몸매를 감싸느라 혼신을 기울인 흔적이 묻어났다. 육중한 체구를 감당하는 의자는 늘 힘겨워 보였다. 몸무게의 중심을 책상 위에 올려놓은 듯 엉거주춤 구부린 모습이 지금도 눈에 선하다. 적당히 수업을 듣고, 주변 친구들에게 장난을 걸거나 아니면 잠에 빠져드는 일이 많았다. 50분 수업에 서너 번 주의를 받는 것을 예사로 알던 녀석과 '꾸꾸'라는 별명은 생각할수록 잘 어울린다.

하루는 수업 중에 키득거리는 소리가 났다. 그 소리는 호수에 올랑이는 파문처럼 교단까지 밀려왔다. 금방 알아챘다, 누가 범인인지를. 장난기가 발동한 꾸꾸는 양말을 벗어들고 주변 친구들의 코에 들이댄 것이다. 친구들은 악취를 피하느라 춤추듯이 몸을 비틀었다. 그 모습이 재미있었던지 꾸꾸는 계속 장난을 쳤다. 야단을 쳐도 잠시뿐, 돌아서면 다시 그 짓거리를 시도했다.

화가 치솟은 나는 꾸꾸의 행동을 그냥 넘길 수 없었다. 수업을 방해했으니 당장 벌을 줘야 하는데 방법이 떠오르지 않았다. 어느 정도의 체벌이 용납되던 시절이다. 손바닥을 몇 대 때려줄까, 종아리를, 아니면 학생부에 넘길까. 짧은 시간에 머리를 짜냈으나 뾰족한 수가 없었다. 상대는 바위 같은 고3이다. 섣불리 손을 대면 녀석에게 변변치 못한 용맹심을 심어주는 꼴이 되고 만다. 그렇다고 치기 어린 행동을 학생부에 고발하는 것도 내키지 않았다. 특효약이 없을까 고민했다.

특효약을 찾는다는 것은 감정에 치우쳐 있다는 것을 뜻한다. 그럴 땐 매우 복합적인 감정의 지배를 받는다. 흐트러진 분위기를 빨리 잡아야 한다는 조바심이 있다. 남에게 피해를 주는 행동에 대한 거부감도 크다. 무엇보다 둘의 대치 상황을 넌지시 구경하는 다른 학생들의 눈빛이 신경 쓰인다.

*꾸꾸*를 데리고 교실 밖으로 나왔다. 복도를 지나 4층 계단을 내려오니 주차장에 세워둔 빨간색 티코가 보였다. 티코는 젊은 날 내 몸의 일부가 되었던 국민차이다. 차를 보는 순간 섬광처럼 특효약이 떠올랐다. 마침 주머니에 키가 있었다. 주차장으로 가서 따라온 녀석에게 뒷자리에 타라고 했다. 잠시 의아해하더니 태연한 척하며 차 안으로 들어왔다. 작은 차는 바위만 한 *꾸꾸*가 앉는 순간 출렁거렸다. 백미러로 싱긋 웃는 바위가 보였다. 바위의 표정은 교사와 공모해 수업을 땡땡이치고 놀이공원에라도 가는 아이처럼 해맑았다.

심호흡을 몇 번 하고 나니 거울 속 큰 바위가 돌덩이로 보이기 시작했다. 시동을 걸고 안전띠를 매는 동안 돌덩이는 작은 돌멩이가 되었다. 나는 액셀에 살짝 발을 올려놓았다가 급하게 브레이크를 밟았다. 차는 덜컹거렸고 녀석은 움찔했다. 나는 몸을 돌려 말했다.

"오늘은 우리 함께 죽는 날이야, 안전벨트는 필요 없어."

매고 있던 안전벨트를 길게 풀어서 거칠게 내팽개쳤다. 벨트에 붙은 쇳덩이가 차 문에 부딪히자 거친 쇳소리가 났다. 백미러를 보며 한마디 더 뱉었다.

"내가 너를 위해 뭘 할 수 있겠니?"

오른발이 좌우를 몇 번 오가는 동안 *꾸꾸*의 얼굴은 사색이 되었다. 그러더니 작은 차 안에서 새우처럼 등을 구부린 채 나에게 다급하게 말했다.

"선생님, 잘못했습니다. 다시는 안 그러겠습니다. 죄송합니다."

얼떨결에 용서를 빌더니 차 문을 활짝 열어젖히고 밖으로 나갔다. 그러고는 교실 쪽으로 뛰어갔다.

교실은 조용했다. 나와 *꾸꾸*는 아무 일도 없었던 듯이 각자의 자리로 돌아갔다. 난리를 겪느라 수업 시간은 줄어들었지만, 어느 때보다 정돈된 분위기에서 수업을 마쳤다. 교무실로 돌아오는데 다리가 후들거렸다. 녀석이 상황극 같은 일을 친구들에게 어떻게 전달했는지 나는 모른다. 이후 학생들은 말썽꾸러기들이 생기면 주문했다.

"선생님, 쟤 좀 티코에 태워요!"

2017년, 여행 중에 빨간색 티코를 만났다. 지구 반 바퀴를 돌아 도착한 페루의 한 도시에는 티코 택시가 많았다. 차를 보는 순간 불현듯 *꾸꾸*가 생각났다. 선명한 동굴 벽화처럼 그 아이와 나와 차가 새겨진 날이 되살아났다. 먼 이국땅에서 오랜 세월 잊고 지낸 하루가 환영 인사라도 하는 듯이 손을 흔들었다.

바위 같은 학생을 한 방에 제압하려고 특효약을 찾던 날을 추억하니 웃음이 났다. *꾸꾸*의 몸무게를 버거워하던 티코의 출렁거림이 생생하게 떠올랐다. 문득 그리움이 밀려왔다. 관광버스에 올라 도시를 벗어나는데 *꾸꾸*를 두고 오는 것같이 허전했다. 하지만 느닷없이 만나고, 다시 남겨놓은 추억 덕분에 안데스의 한 자락이 오래도록 기억될 것 같았다.

꾸꾸에게 한마디 던지며 글을 접는다.

"내가 그 일로 진저리 칠 줄 알았지? 넌 모를 거다. 그 일이 얼마나 애틋한 여운을 남겼는지. 고마워!"

더 늦기 전에

평생 거짓말을 하지 않고 살 수 있을까. 불가능한 일이다. 더러는 좋은 뜻에서 해야 하는 경우가 있다. 하지만 대체로 거짓말은 나쁜 의도에서 나온다. 남을 속여 본인이 처한 위기를 모면하거나, 옳지 않은 방법으로 이익을 얻으려 할 때 써먹는다.

이솝 우화에 나오는 양치기 소년은 무료함을 달래려고 몇 차례 거짓 소동을 피우다가 양을 잃었다. 자신의 외침에 무기를 들고 달려오는 어른들을 보며 재미에 빠졌다. 놀이처럼 벌인 일에 걸려든 이웃의 불신을 헤아리지 못한 것이다.

거짓은 상대가 속는 동안 달콤하고 짜릿하며 승리감마저 느끼게 한다. 그러나 언젠가 꼬리가 밟히고, 밟힌 꼬리 때문에 받게 될 외면을 피할 수 없다. 술꾼처럼 거짓에 취한 이들은 상대의 눈을 똑바로 봐야 한다. 상대의 동공이 커진 때를 놓치면 안 된다. 거짓 놀이가 막을 내려야 하는 순간이기 때문이다. 타인의 눈에 허위의 실체가 인식되면 어떠한 것으로도 거짓의 이유를 정당화할 수 없다. 그건 막차를 놓친 나그네가 텅 빈 기차역에 홀로 서 있는 것과 다르지 않다.

오래전 일이다. 3월 초부터 자주 조퇴를 신청하는 고3 남학생이 있었다. 교무실에 들어올 때는 크고 마른 몸을 구부정하게 숙인 채 옆구리를 움켜쥔 자세였다. 학생 개개인의 신상을 미처 파악할 겨를이 없던 시기이다. 휘어진 몸과 찌푸린 이맛살을 보고 학생의 어머니와 통화를 한 뒤 집으로 보냈다.

개나리와 진달래가 피고 솔잎과 벚꽃이 어우러질 무렵에 이르러 비로소 그 녀석, 거짓말쟁이 J의 실체를 알았다. 번번이 속는 담임이 안 돼 보였는지 한 학생이 귀띔을 해줬다. J는 복통으로 가끔 힘들어할 때도 있지만, 십중팔구 엄살이며 조퇴하고 오락실에 간다고 했다. 어머니의 묵인 아래 빚어진 일이라 고스란히 속았다. 이후부터 배신감과 부아를 감추고 그 아이와 맞섰다. 아무리 괴로운 표정으로 죽는시늉을 해도 나는 흔들리지 않았다.

어느 날, 다른 반 수업 중에 노크 소리가 났다. 나가 보니 J가 엉거주춤한 자세로 서 있었다. 배가 너무 아파 조퇴를 하겠다는 것이다. 나는 아이의 말허리를 자르고 교실로 돌려보냈다. 그러고는 한층 굳건해진 목소리로 수업을 이어 갔다.

수업을 마치고 교무실에 들어서니 보건 선생님이 기다리고 있었다. 보건실로 찾아온 아이를 병원으로 보냈으며, 담임이 수업 중이라 알리지 못했다는 것이다. 그 말을 들으니 새삼 속이 끓었다. 굳건했던 자아가 형편없이 쪼그라들었다. 거짓말쟁이가 담임을 우습게 여기는 듯했다. 수법이 점점 대담해진다는 생각에 분한 감정이 진정되지 않았다. 퇴근할 무렵에 전화가 왔다. J의 목소리였다.

"선생님, 저 수술했어요. 급성 맹장염이래요."

"수술?…… 정말? 아프지 않니?"

"네, 괜찮아요. 아까 찾아갔을 때 제가 또 거짓말하는 줄 아셨죠?"

"미안해. 정말 미안해. 그리고 더 늦기 전에 수술해서 다행이구나."

퇴근길에 병원에 들렀다. 아이는 금방 수술을 받은 사람 같지 않게 편안한 얼굴이었다. 조금만 늦었더라면 어떤 일이 벌어졌을까. 상처는 깊고 치유의 시간은 길었으며, 미련을 부린 담임은 오래도록 죄책감에 시달렸을 것이다. 더 늦기 전에 보건실로 간 거짓말쟁이가 왠지 의젓해 보였다.

거짓에 대해 한마디하고 있는 내가 한 거짓말이 생각난다. 8살 아들에게 컴퓨터 게임을 오래 하면 치아가 썩는다고 했다. 다른 하나는 제법 그럴싸하다. 어느 날 아침, 아파트 발코니에 나가 보니 키우던 앵무새 두 마리가 죽어 있었다. 모이통이 텅 비고 물통은 바싹 마른 상태였다. 바쁘다는 핑계로 새를 제대로 돌보지 못한 것이다. 아들에게 열린 창문을 보여 주며 새가 날아갔다고 했다. 훗날 아이가 청소년이 됐을 무렵 사실을 털어놓고 나니 속이 후련했다.

내년 상반기에 22대 국회의원 선거가 치러진다. 벌써 방송엔 선거 관련 뉴스가 심심찮게 등장한다. 지난 선거철을 뒤돌아본다. 후보자가 내건 선거 공약이 화려한 옷을 입고 곳곳에 나붙었다. 첨단 기술 덕인지 현수막에 걸린 인물은 하나같이 훤했다. 그것으로 등수를 매기면 우리나라는 세계 1등이다. 몇몇 공약은 인물만큼이나 빛이 나서 핸드폰으로 찍어놓은 적이 있다. 당선자의 임기가 끝날 때 들이대는 상상을 하다가 삭제해 버렸다.

공염불에 지나지 않는 공약은 거짓에 가깝다. 선거철마다 쏟아내는 공약이 아무리 허무맹랑해도 마른 낙엽처럼 밟혀서 부서지면 그만이다. 신뢰는 조각나고 잘난 인물이 일은 했는지, 약속은 지켰는지, 무엇이 달라졌는지 의아해하는 사이에 세월은 흘러간다.

톨스토이는 『전쟁과 평화』에서 '행복해지기 위해서는 행복의 가능성을 믿어야 한다.'라고 했다. 행복한 내일을 꿈꾸지 않는 삶이 있을까. 표에는 작은 개인이 어쩌지 못하는 꿈이 담겨 있다. 표를 얻은 이들은 자신이 던진 약속이 지켜지도록 피땀을 흘려야 한다. 생김새와 말솜씨가 아닌 실천을 보였을 때 거짓은 진실이 되고, 사람들은 가능성을 믿을 것이다. 가능성을 믿는 선한 마음이 거짓의 판을 밀어낼 수 있는 세상을 꿈꾼다. 부디 말과 행동에 책임지는 사람들이 많아졌으면 좋겠다.

더 늦기 전에.

타임머신, 타임을 걸다

핸드폰이 벽에 부딪혀 조각나 버렸다. 조각은 사방으로 흩어졌다. 또 하나를 집어 들어 벽을 향해 힘껏 던졌다. 불꽃에 기름을 부은 듯이 끓어오르는 배신감이 그것을 쥔 손에 힘을 더했다. 두 번째 것도 파열음을 내며 무참히 깨졌다. 대다수 아이는 눈을 내리뜨고 고개를 숙였다. 그러나 몇몇은 얼굴을 들고 담임인 나를 노려보았다.

2023년은 우리 기업이 스마트폰을 출시한 지 13년이 되는 해이다. 몇 해 전 SK텔레콤은 2G 서비스를 종료했다. 시작점에서 25년 만이었다. 옛것이 자리를 내주고 역사의 뒤안길로 사라진 셈이다. 한때 사랑받던 기술이 그렇듯이 추억도 흐르는 물처럼 서로 자리를 양보한다. 나는 사라진 그것이 남긴, 선뜻 흘려보내고 싶지 않은 추억 하나를 꺼내 본다.

토요일인데도 학교에 가던 시절, 청소년들은 부모가 사줬거나 아르바이트를 해 마련한 휴대전화를 그 무엇보다도 소중히 여겼다. 수업 중에는 꺼 놓기로 했지만, 약속은 거의 지켜지지 않았다. 학교는 고심 끝에 담임 교사가 전화기를 거두어 보관했다가 종례 때 돌려주는 방법을 택했다.

2008년 가을, 어느 토요일이었다. 학생들을 보내고 망가진 커튼 고리를 손보기 위해 교실로 갔다. 매달린 커튼을 떼려고 책상 위에 올라서다가 넘어졌다. 나동그라진 책상 속에서 종례 때 돌려준 눈익은 전화기가 튕겨 나왔다. 나는 주인이 잊고 간 것으로 생각했다. 잃어버린 줄 알고 걱정할까 봐 가족에게 알릴 요량으로 전원 버튼을 눌렀다. 켜지지 않아 뒤를 열어 보니 배터리가 없었다. 순간 속았다는 생각에 머릿속이 하얘졌다. 책상을 모두 뒤지니 세 개가 더 나왔다. 하나같이 망가진 물건으로 아침마다 수거했던 것들이다. 정신을 가다듬고 커튼을 손본 뒤에 고물을 거두어 교무실로 왔다. 그동안 눈치 못 챈 내가 더 낡은 고물 같았다. 해방감으로 활기차야 할 토요일 퇴근 시간은 늪이 되고 말았다.

월요일 아침에 교실로 갔다. 평소와 다름없이 학생들에게 수거용 빨간 바구니를 돌렸다. 전원을 끈 스물여덟 개가 바구니 안에 들어앉았다. 휴게실에 가서 손에 집히는 대로 전원 버튼을 눌렀다. 몇 개 확인한 결과 모두 가짜였다. 손이 떨리고 화가 나서 얼굴이 달아올랐다. 마음을 가다듬고 가짜와 진짜를 골라내기 위한 가장 빠른 방법이 무엇일까 고민했다.

수업하고, 공문을 처리하고, 일상적인 생활 지도를 하다 보면 하루가 짧다. 더욱이 예상치 못한 사건이 생기면 합리적으로 풀어야 할 시간을 내기 어렵다. 그러다 보니 습관적으로 쉽고 빠른 해결 방법에 손이 닿는다. 먼저 토요일에 찾은 가짜에 노란색 종잇조각을 붙였다. 그 위에 투명 접착테이프를 둘러 바구니에 담았다. 표시해놓은 종이가 떨어져 실수하면 낭패를 맛봐야 하기 때문이다. 아침에 수거한 것에 종이를 붙인 것 네 개를 더해 서른두 개 전화기가 바구니에 담겼다. 내 수업이 있는 5교시에 거사를 치르기로 했다. 오십 분 안에 가짜를 찾아내 담임을 속인 아이를 혼내고, 재발 방지를 위한 훈육까지 하려면 일 초도 허투루 할 수 없었다. 그러려면 무엇보다 평정심을 유지해야 하는데 쉽지 않았다. 간간이 거짓에 떨었다. 일찍 바로잡지 못한 것에 대한 자책감 때문에 속 끓이며 오전을 보냈다.

자라는 아이는 나무와 같다. 성년이 될 때까지 가정, 학교, 사회가 한마음으로 돌봐야 한다. 그를 향한 관심과 사랑은 성장을 이끄는 바람과 비와 햇빛이 된다. 그런데 교사가 학생의 꼼수에 넘어가 탈법을 방임했다. 늦은 만큼 속히 바로 잡겠다는 각오가 몸과 마음을 눌러 현기증이 날 정도였다.

5교시가 되어 교실로 갔다. 종례 시간이 아닌데 등장한 바구니를 보고 모두 의아한 표정을 지었다. 교단에 서서 스물여덟 명 얼굴을 찬찬히 훑어보았다. 그리고 종이로 표시를 해 둔 것을 한 개씩 꺼내 교실 벽을 향해 내동댕이쳤다. 멀쩡한 것을 날리면 담임이 변상해야 한다. 긴장한 탓에 손이 떨렸다. 교실에 새벽 같은 고요가 차올랐다. 학생들의 눈에 공포가 일 때쯤 마지막 전화기를 던졌다.

'제 것은 던지면 안 돼요.'라고 말하고 싶은 사람은 앞으로 나와 본인 것을 찾으라 했다. 폰이 부서질 때마다 불안해하던 여섯이 달려와 자신의 것을 집었다. 전체에서 스물두 개가 망가진 고물이었다. 학생들은 진짜는 종일 사용하고, 수명이 다한 것을 제출용으로 가지고 다닌 것이다. 나는 예상을 뛰어넘는 가짜의 실체에 넋을 잃고 말았다. 고개를 숙인 고물 주인들을 교실 바닥에 무릎 꿇렸다. 신뢰에 대해 몇 마디 하는 중에 종이 울렸다. 진짜와 가짜를 골라내는 작전은 성공했다. 그렇지만 아침마다 얻어맞았을 뒤통수에 구멍이 난 것 같아 시렸다.

남녀노소 누구나 스마트폰에 기대 산다. 이해득실을 떠나서 그것 없는 일상을 상상하기 어렵다. 아침마다 2G 폰을 수거해야만 했던 과거 학교의 고민이 미래에는 어떻게 진화할지 궁금하다.

고대 로마의 시인 마티에르는 '지나간 삶을 추억하는 것은 그 삶을 다시 한번 사는 것과 다르지 않다'라고 말했다. 젊은 날에는 추억에 대한 진정한 의미를 알기 어렵다. 집짓기에 급급하여 벽돌을 쌓는 일에만 몰두한다. 이제 집 앞 나무 그늘에 앉아 집의 이야기를 듣는다. 지난 삶이 추억이라는 문패를 달고 나를 불러들였다.

타임머신을 탔다. 푸른 기운 넘치며, 꺾이기를 거부하던 열여덟 살 청소년들과 한판 줄다리기를 벌였던 시절로 들어갔다. 타임머신이 타임을 걸었다. 센 척하는 그들의 잔꾀와 치기에 맞서 폭력을 행사한 부분에 주의를 받았다. 사실 시간 없음은 핑계의 다른 표현이기도 하다. 늘 마음의 여유를 찾지 못해 타임머신이 타임을 거는 일을 만들며 살아가는 것이 아닌가 하는 생각이 든다. 지금쯤 서른이 훌쩍 넘었을 그들의 눈빛은 내 가슴속에 열여덟의 날것으로 영원히 남을 것이다.

3

오래전 그 집

삶은 언제나 시작이고, 시작은 축복이다.

- 오래전 그 집 -

문밖으로

길 위에서 발걸음을 멈추는 일은 예삿일이 아니다. 길섶에 핀 민들레와 제비꽃이 발목을 잡는다. 산마루에 걸린 저녁 해를 보느라 걸음을 잊을 때도 있다. 하지만 돌부리에 걸려 주저앉기도 한다. 주저앉은 발길은 행동이 아니라 사물이 된다. 그 사물을 벽이라 해도 되겠다. 길에 들어선 것은 앞으로 뻗어나가는 습성을 지녔다. 습성을 거둔 멈춤에는 마음의 길이 숨어 있다. 마음의 길에서 설렘과 마주하는 것도 예삿일이 아니다.

은퇴 후 휴식을 찾은 나는 일상에 몇 가지 원칙을 세웠다. 지난날을 돌아보지 말자. 시간에 얽매이지 않는다. 새로운 인연을 맺지 말자. 자유를 쟁취한 듯이 날마다 방바닥을 뒹굴었다. 자고 싶을 때 자고, 먹고 싶을 때 먹는 자유를 누렸다. 내가 원할 때 맘껏 책장을 넘기는 즐거움을 느끼기도 했다. 생각해 보면 별것도 아닌 원칙이 준 건 단조로운 나날이었다. 단조로움이 서서히 빈둥거림으로 변해 가는 사이 십 년 세월이 흘렀다.

겨울은 품었던 봄과 혼란의 씨앗을 살며시 내려놓고 꼬리를 감추었다. 2020년 봄, 지구촌은 신종 바이러스의 출현을 신호로 대혼란의 막이 올랐다. 천산갑과 박쥐가 바이러스의 원인균을 제공했을 거라는 뉴스가 연일 터져 나왔다. 도시가 봉쇄되고 사망자가 속출했다. 비행기는 날개를 접고 공장과 학교가 문을 닫았다. 사람이 사람을 경계하고, 산 자와 죽은 자의 이별은 비정했다. 초대장도 없이 고개를 빳빳하게 든 채 휘젓고 다니는 공포 때문에 세상은 질렸다.

원칙을 고수하며 집 지킴이로 지내던 나도 허둥댔다. 생사가 담벼락을 맞댄 이웃이라는 걸 알고 있었지만, 가까워도 너무 가까워 날마다 떨었다. 이전에는 나를 방에 가두고 그것을 자유라고 했었다. 코로나 시대가 열리면서 자유는 억압으로 변했다. 억압은 불편했고 불편은 성찰을 이끌었다. 죽음과 어깨를 맞대고서야 삶이 축복이고 선물임을 알았다. 인간은 주어진 삶을 함부로 가두거나 낭비할 권리가 없으며, 끝까지 보듬어 안아야 하는 것은 의무라는 생각이 들었다.

성찰은 나가라고 등을 떠밀었다. 일어나 문을 열고 나가 사람과 어울리라고 했다. 오랜 시간 구들장을 지고 살던 내가 가장 하고 싶은 것이 무엇인가를 찾아봤다. 글을 쓰고 싶었다. 사람이 살아가는 모습을 글로 옮기는 일이 재미있을 것 같았다. 사진을 찍듯이 말이다. 글쓰기 교실로 달려갔다. 시립도서관에서 여는 '치유와 성장을 위한 수필 창작 교실'에서 걸음마를 시작했다.

금요일 오전에 마스크를 쓰고 도서관으로 갔다. 초반에는 말문을 여는 일이 힘들었다. 듣고 말하는 시간이 반복되자 차츰 편안함이 느껴졌다. 수업 시간이 기다려졌다. 글을 발표하고 칭찬을 들은 날에는 집으로 오는 내내 신바람이 났다. 무엇보다 내 이야기를 들어 주는 사람들이 고마웠다. 코로나 여파로 개강이 늦어져 5월에 시작된 수업은 중간 멈춤이 없이 계속 진행되었다.

8월 중순에 사달이 났다. 전날 힘들게 쓴 원고를 가방에 넣고 나가다가 침대 모서리를 걷어차 발가락이 부러졌다. 새끼발가락의 윗마디가 꺾여 오른쪽으로 기울어져 있었다. 수평으로 누운 그것을 잽싸게 수직으로 세워 움켜잡았다. 물파스를 바르고 발가락 전체를 붕대로 친친 돌려 감았다. 통증이 밀려왔다. 발은 내디딜 수 없을 정도로 아팠다. 칭찬받을 생각을 하며 서두르다가 화를 부른 것이다.

나이 예순에 덤벙대다 도서관 대신 병원으로 갔다. 엑스레이 사진을 들여다보던 의사는 부러진 뼈를 잘 세웠다고 칭찬했다. 의사가 환자 마음까지도 들여다보는 듯했다. 깁스를 한 채 허탈한 심정으로 집에 들어서는데 문자가 왔다. 시에 코로나 환자가 많이 생겨 다음 주부터 줌 수업으로 전환한다는 내용이었다. 위험이 가까이 왔다는 불안감이 엄습했다. 한편 비대면 수업이 마치 나를 위한 배려처럼 느껴지기도 했다.

계절은 가을로 접어들었으나 코로나의 기승은 날로 심해졌다. 가을에 펼치는 문화행사도 모두 취소됐다. 그러나 각 단체에서 실시하는 백일장은 온라인 참여 방식으로 진행했다. 입에 침이 고였다. 전통적 백일장이라면 엄두를 못 냈을 일이다. 쓰고 지우기를 수없이 반복한 원고를 이메일로 제출했다.

난생처음 백일장에 참여해 장려상을 받았다. 살면서 글쓰기로 상을 받은 적 없던 나는 날개가 돋는 듯했다. 받은 상금의 대여섯 배를 기쁨을 나누는 데 썼다. 조금도 아깝지 않았다. 그건 내가 좋아하는 것을 내가 잘하는 것이 되게 만들겠다고 다짐하는 일이기도 했다. 이후 백일장에 한 번 더 도전해서 우수상을 받았다. 나의 늦은 도전에 누군가가 박수를 보내는 것 같았다.

거리두기를 하며 서로를 경계했던 시절에 나는 오히려 밖으로 나가 사람을 만났다. 새로운 것에 도전했다. 온라인 백일장에서 어린 학생들과 겨루어 받은 상이 남들 눈에는 하찮은 것일 수 있다. 하지만 남과 비교하는 삶이 자신을 얼마나 작게 만드는지 잘 아는 나이다. 비교하는 삶에서 벗어나야 오롯이 자신과 마주할 수 있다는 것도 안다. '무엇을 이루었는가'에서 벗어나 '무엇을 하는 동안 행복했는가'에 의미를 두기로 했다.

이제 사람들은 코로나19를 감기처럼 앓는다. 혼란이 종말을 고한 것인지, 잠시 숨을 고르는 중인지는 아무도 모른다. 팬데믹 시대는 많은 것을 빼앗아 가 버렸다. 그리고 묻는다. '삶에서 진정 소중한 것이 무엇인가?'라고 말이다.

거친 파도를 넘으며 바이러스의 공격으로부터 누구도 자유로울 수 없다는 사실을 알았다. 그건 모두에게 다가올 수 있는 불확실한 내일을 의미한다. 불확실한 내일이라는 벽 앞에서 멈출 수는 없다. 멈춤을 멈추고 나간 길에서 만나는 설렘은 삶에 생기를 불어넣는 원천이 될 것이다.

모든 건 질기디질긴 바이러스가 나를 문밖으로 끌어내는 바람에 시작됐다.

오직 하나뿐인

'그리움 두고서 가지는 마, 나 홀로 있으면 외로운데'라는 노랫말로 시작하는 가요가 있다. 「오직 하나뿐인 그대」, 가수 심신을 일약 스타로 만든 곡이다. 90년대 초반 한 방송사의 가요 순위 프로그램에서 연속 6주 동안 1등을 했을 정도로 인기가 대단했다. 꽃미남 가수가 착용한 가죽 재킷과 선글라스는 유행을 이끌었다. 간주 부분을 달궜던 권총춤은 보는 이의 마음을 설레게 했다.

믿지 못할 영원함에 미리 쐐기를 박는 듯이 세상에 하나뿐인 소중한 그대라고 치켜세운다. 얼굴을 마주하고 정다운 이야기를 나누자며 떠나려는 사랑을 달래기도 한다. 세상에 오직 하나뿐이라는 것보다 더 귀한 것이 있을 수 있을까.

세상에 하나뿐인 것은 많다. 해와 달이 그렇고 백두산

도 한라산도 하나뿐이다. 하지만 세상천지 누구의 것도 될 수 있는 것에 '오직'을 붙이면 무슨 의미가 있는가. 하나뿐인 것에 '오직'을 붙여 절절해지려면 일대일 관계여야 한다. 오직 하나뿐인 딸, 오직 하나뿐인 댕댕이, 오직 하나뿐인 추억, 오직 하나뿐인 웬수(?) 등 말이다.

몇 년 전에 친구와 네덜란드 여행을 다녀왔다. 패키지 상품인데 일정에 헤이그에 있는 마우리츠호이스 미술관 관람이 있었다. 그곳에는 요하네스 베르메르의 「진주 귀고리를 한 소녀」가 있어서 나는 망설임 없이 선택했다. 여행 중반까지 관심은 온통 그림이었다. 그림을 소재로 쓴 소설을 읽으며 그림에 대한 호기심이 발동했던 터였다. 오직 그것 하나만 보고 와도 본전을 뽑는 거라며 들떴었다.

그림은 작았다. 미술 시간에 쓰던 스케치북만 했다. 기대가 너무 컸던 탓인지 작은 그림에서 별 감흥이 느껴지지 않았다. 그날 이후 그림은 그냥 하나뿐인 것으로 기억 창고에 넣어 뒀다. 더 늦기 전에 깨달아서 다행이었다. 어느 것 하나에만 집중하다가 다른 많은 볼거리를 놓칠 수 있다는 사실 말이다. 이렇듯 '오직'을 함부로 붙이는 일에는 조심성이 필요하다.

사실 심신의 노래나 여행 이야기를 꺼낸 데는 의도가 깔려있다. 내 가슴에 깊이 간직하고 있는 보물 하나를 자랑하고 싶어서다. 나는 남 앞에서 나를 여는 일에 매우 서툴다. 분위기에 떠밀려 한 자락 펼치려면 얼굴이 붉어지고 가슴이 벌렁거리기 일쑤다. 그러니 비겁한 면이 있으나, 글로써 나의 '오직 하나뿐인' 것을 열어보고자 한다.

나는 두 계절에 어설프게 걸쳐있는 2월에 태어났다. 봄도 아니고 겨울도 아니다. 3학년도 아니고 그렇다고 4학년도 아닌 어중간한 때와 닮았다. 학생들에게 몇 학년이냐고 물으면, 앞에다 '올라가면'이라는 말을 불문율처럼 붙이던 계절이다.

어릴 적에 짧은 2월은 분주한 달이었다. 네 남매의 교과서와 참고서를 구하고 교복과 체육복, 운동화를 준비하느라 어머니는 바빴다. 다른 집 아이들이 쓰던 물건을 얻어 왔고 구할 수 없는 것만 새로 샀다. 해를 넘긴 달력 종이로 헌 교과서에 커버를 씌우는 일도 2월에 했다. 이렇듯 어수선한 시기에 끼어있는 내 생일을 어머니는 잊어버리기 일쑤였다. 그래서인지 나는 스스로 생일을 무슨 특별한 날로 여기지 않게 되었다.

그날은 내 생일이었다. 낮에도 보일러를 틀어야 할 정도로 날씨가 추웠다. 바깥에는 반갑지 않은 눈이 찬바람에 흩날렸다. 학교와 병설 유치원이 봄방학을 한 시기다. 열한 살, 여섯 살 형제는 오전 내내 저희 방에서 꼼짝하지 않았다. 평소 같으면 엄마를 열 번은 더 불렀을 것이다. 거실에 나와 엉겨 붙어 장난을 치거나 컴퓨터 앞에 앉아 게임 삼매경에 빠졌을 시간이다. 무슨 일인가 궁금해서 방문을 노크했다. 들어오지 말라는 대답이 돌아왔다.

그 무렵, 나는 김광석이 부른 「서른 즈음에」에 빠져 수없이 듣고 따라 불렀다. 노래를 들으면 앞만 보고 달려온 삶이 숨을 고르라며 손을 잡아주는 것 같았다. 내 기억과 가슴에 무얼 채웠고, 무엇이 남았는지 궁금했다. 「서른 즈음에」를 마음껏 부를 수 있는 시간이 얼마 남지 않은 것 같아 초조감이 밀려오기도 했다.

그런 나에게 두 녀석의 돌발 행동은 가슴을 휘젓고 나가는 칼바람이었다. 서른일곱 생일날 눈보라 휘날리는 벌판에 혼자 서있는 것 같았다. 아이들이 문을 닫고 저희끼리 놀 만큼 자란 것 같아 대견하면서도 한편 서운했다. 커피를 마시며 심란한 마음을 달래는 사이 점심때가 되었다. 배고프면 나오겠지 하며 밥을 하는데 문 열리는 소리가 났다.

둘은 생일 케이크를 들고 거실로 나오며 축하 노래를 불렀다. 형은 장난감 블록, 동생은 알록달록한 색종이로 된 케이크였다. H자 모양의 녹색 블록을 끼워 맞춰 바탕을 만들었다. 그 위에 쌓아 올린 노랗고 둥근 블록은 케이크 시트가 되었다. 네모난 빨간색 직사각형 기둥으로 초를 세웠다. 아이들은 평소에 블록으로 주로 자동차나 로봇을 만들며 놀았다. 그런데 엄마 생일에 장난감과 색종이로 근사한 생일 케이크를 만들어 선물한 것이다. 형의 도움으로 완성했을 동생의 색종이 케이크는 더욱 화려했다. 색종이가 서너 묶음 들어갔을 것으로 짐작될 만큼 아름다운 케이크를 들고 노래하는 둘째도 사랑스럽고 의젓했다.

그날 받은 생일 케이크는 아이들이 그때의 나만큼 나이를 먹은 지금까지 기억에 온전히 남아있는 보물이다. 다시 만들 수도,

살 수도 없는 이 세상에 오직 하나뿐인 나만의 것이다. 나만의 그것은 삶을 다독이는 힘이 되고, 내면을 정화하는 역할을 하기도 한다. 매년 2월이 오면 블록과 색종이 케이크에 불을 붙인다. 가슴에 환한 불꽃이 일면 좁은 방에서 속닥이던 아이들이 보인다. 내 유년의 어수선했던 2월도 불빛 속에 도란거린다. 머릿속에 맑은 공기가 차오르는 순간이다. 나는 콧노래를 흥얼거리며 보물을 꺼내 닦는다.

'그대여 이 아름다운 세상에 오직 하나뿐인 그대'

밤바다에서 춤추는 여자

춤이라는 움직임에 대하여.

오른발과 왼발이 앞으로 대각선 스텝을 밟는다. 연이어 와이퍼처럼 손을 움직이며 엉덩이를 좌우로 흔든다. 힐 트위스트 동작이다. 다시 뒤로 대각선 스텝과 힐 트위스트를 연결해 원위치로 돌아온다. 여기까지 열여섯 박자다. 두 손을 위로 둥글게 들어 올렸다가 부드럽게 내린다. 동시에 양쪽 발은 꼬리잡기를 한다. 오른발이 오른쪽으로 도망가면 왼발이 쫓아간다. 다시 한 발 달아나면 또 따라간다. 이번에는 왼발이 내빼면 오른발이 매달린다. 바인 스텝 여덟 박자다. 이어서 몸을 왼쪽으로 돌려 손뼉을 친다. 앞뒤로 각각 네 박자씩 대각선 스텝을 넣어 기본동작을 끝낸다.

발이 리듬을 유지하려면 바다와 모래톱이 닿는 어름에

서야 한다. 이질감이 섞여 조화를 이루는 곳에는 늘 긴장이 서린다. 그곳에서 열림과 닫힘은 한 몸이다. 시작과 끝이 서로를 응원한다. 미지에 대한 호기심이 열정의 씨앗으로 묻혀서 단단한 발판이 된다. 그래서 춤추기에 좋다.

밀려드는 물결을 피하느라 발이 분주하다. 입으로는 가수 김양이 부른 「홍시」를 흥얼거린다. 파도에 흔들리는 스텝은 수시로 박자를 놓친다. 서른두 박자 기본동작을 반시계 방향으로 돌리고 돌려야 하는데 바다만 보고 춤을 춘다. 실은 돌아설 용기가 없어서다. 사람들이 내 등에 시선을 꽂는 것 같은 착각 때문이다.

바다는 검은 담요 밖으로 고개를 내밀고 은밀히 지켜본다. 그러다가 춤추는 여자에게 수만 송이 안개꽃을 던지고 박수를 보낸다. 모래에 어설픈 스텝을 찍어대느라 허우적거린 몸에서 뜨거운 기운이 솟는다.

얼마 전, 아파트 게시판에 눈이 멈췄다. 주민자치센터에서 수강생을 모집하는 내용이었다. 라인댄스에 관심이 갔다. 여럿이 함께하면 재미있고, 건강에도 좋을 것 같아서 신청하려다 여러 사정으로 관뒀다. 나는 옆으로 살짝 돌아가기로 했다. 집 안에서 짬 날 때마다 음악을 틀고 춤판을 벌이자는 것이다. 내 멋대로 휘젓고 다녀도 거리낄 게 없는 방법이다.

인터넷 검색창에 '라인댄스'라고 입력을 하자마자 연관 검색어가 쏟아졌다. 그중 수더분하게 생긴 강사가 진행하는 영상을 골랐다. 춤곡은 「홍시」이다. 되돌려 보기를 수없이 반복하며 초급

수준의 춤을 배웠다. 나무에 매달려 서리 맞은 것이 나훈아의 홍시라면, 김양의 것은 냉동실에서 막 꺼낸 얼음덩이 같았다. 춤추기에는 냉기가 하얗게 배어나는 김양의 곡이 더 잘 어울렸다.

스텝을 몸으로 표현하는 일은 호락호락하지 않았다. 시작한 지 일주일 만에 어설프게나마 라인이 그어졌다. 삐뚤빼뚤 리듬을 타는 손발이 그럴듯했다. 동작이 몸에 밸 무렵에 장난기가 발동했다. 넓은 무대에서 관객에게 보여주고 싶었다. 그동안 내가 얼마나 애썼는지 말이다. 관객으로는 바다, 그것도 밤바다가 뽑혔다. 거기에다 계속 춤에 취하겠다는 결심을 새기려고 밤바다로 갔다.

어스레한 골목을 빠져나가면 바다의 숨소리가 느껴진다. 숨소리는 동네 어귀까지 와서 나를 기다리는 친구 같다. 그날은 선물을 가져갔다. 친구를 위해 얼린 홍시와 설익은 춤을 준비한 것이다.

밤바다는 나에게 집중한다. 검은 하늘이 이불처럼 바다를 덮으면 이불 끝자락으로 바다의 잠이 빠져나온다. 잠은 흩날리는 안개꽃으로 피어나 내게로 온다. 꽃송이는 한순간도 멈추지 않는 바다의 심장이 뿜어져 나오는 것이다. 바다는 수평선과 갈매기와 방파제가 사라진 밤이면 오로지 내 앞에다 심장을 쏟아 놓는다. 움직임과 영원과 삶을 이해하는 시간이다. 시인 보들레르를 만나는 순간이기도 하다. 그는 바다에 취해 묻고 답했다.

"왜 바다의 광경은 그토록 영원하게 유쾌한 것일까?"

"왜냐하면, 바다는 무한성과 동시에 움직임의 개념을 주기 때문이다."

무한성과 움직임에 집착하는 시인의 심리에 나는 매료되었다. 바다에 서면 끝이라는 의미를 잊는다. 멈춤의 뜻도 사라진다. 그야말로 무한과 움직임만이 나를 압도한다. 더불어 모든 일상은 만만한 것이 된다. 그래서 나는 밤바다를 관객으로 골랐는지 모른다. 그 앞에서 춤추는 일도 만만하게 여긴 때문이리라.

꽤 괜찮은 무대였다. 늦게까지 문을 연 카페와 횟집에서 새어 나오는 불빛은 은은한 조명 역할을 한다. 해변에 나온 연인들이 폭죽을 터트린다. 밤하늘을 수놓는 불꽃이 라인댄스의 힐 트위스트 동작과 어우러질 때 춤은 클라이맥스에 이른다.

긴 여행을 마치고 닻을 내린 바다에다 나의 새로운 시작 하나를 새겨 넣었다. 다음 목표는 라인댄스 「찔레꽃」이다. 영상을 보니 차치치 스텝이 들어간다. 뭔가를 배우는 일은 두려움과 동시에 기대감을 부른다. 양손에 두려움과 기대감을 올려놓고 수없이 견주며 가는 것이 삶의 방식이라는 생각을 했다. 방식은 움직임으로 완성된다. 춤추기도 움직임이 이끌어가는 것이다.

뜨거운 기운을 바다에 돌려주고 집으로 오는 발걸음이 상쾌했다. 나는 움직임을 이끌기 위해 밤바다에서 춤추는 여자다.

길은 언제나 그곳에

경로를 재탐색합니다.

낯선 도로에서 운전할 때 자주 듣는 목소리다. 매끈한 목소리는 운전자의 실수에 대하여 빠르게 무혐의 처분을 내리는 것처럼 들린다. 길도우미와 친해지기 전에는 이런 메시지가 나오면 겁부터 먹었다. 신경이 날카롭게 곤두선 채로 새로운 경로를 쫓느라 집중했다. 그것에 익숙해진 지금은 다르다. 몇 번씩 경고를 받아도 느긋하다. 그 일을 하나의 유희로 받아들일 만큼 길에 대한 믿음이 생겼기 때문이다. 세상의 길은 모두 손잡고 있다는 믿음 말이다.

늘 다니던 곳에서 길을 잃었던 적이 있다. 아주 오래전에 겪은 일이지만 당시에 받은 충격이 커서 그런지 지금도 기억이 생생하다. 꼼짝하지 못하고 두려움에 떨었었다. 그날 이후 나는 한동안 길에 대한 믿음을 내려놓았던 것 같다.

대학 새내기 시절에 학교 앞 자취방에서 중학생 과외 수업을 했다. 그날은 어쩌다가 수업이 늦게 끝났다. 시계를 보니 마지막 버스가 떠난 시각이다. 시내에 있는 친구 집에 가기로 약속을 해 놓은 터라 당황스러웠다. 학교는 도시 변두리에 있었다. 시내버스로 비포장도로를 삼십 분 정도 가야 시내에 닿는다. 나는 고민에 빠졌다. 친구를 바람맞힐까, 아니면 걸어서라도 갈까. 친구도 전화기가 없는 자취생이라서 딱히 연락할 방법이 없었다. 영문을 모르고 기다릴 걸 생각하니 마음이 편하지 않았다. '차가 끊겨 걸어왔다 하면 무척 감격하겠지.' 하는 치기가 등을 떠밀었다.

청바지와 점퍼 차림에 운동화를 신었다. 당시 나는 숏커트에 밋밋한 몸매여서 뒤에서 보면 남자라 해도 곧이들을 정도였다. 사방에 드러누운 밤을 제압하기 위해 건장한 청년같이 어깨를 폈다. 마치 돈키호테처럼 호기롭게 어둠 속으로 발걸음을 옮겼다. 그까짓 어둠이 대수겠는가. 버스를 타고 수없이 다니던 한적한 곳이라서 눈을 감고도 시내까지 나갈 자신이 있었다. 학교 가까이에 있는 마을을 벗어나기 전까지는 주변이 흐릿하게나마 보였다. 띄엄띄엄 기와지붕이 나타났다가 사라졌다. 거뭇거뭇하게 보이는 소나무 우듬지는 나를 지키는 호위병 같았다. 초록이 자라는 소리가 6월의 숲을 가득 채웠다. 한참을 걸었을 때쯤 갑자기 숲과 어둠의 경계가 불분명해졌다. 달마저 곤히 잠든 밤, 나는 암흑의 도가니에 갇히고 말았다. 내가 어디에 서 있는지 도무지 가늠할 수 없었다. 하늘에서 떨어진 검은색 담요가 내 몸을 또르르 마는 느낌이었다. 출발할 때의 호기는 꼬리를 감추었다. 한지에 스며드는 먹물처럼 공포가 엄습했다. 급기야 눈을 떴는지 감았는지도 모를 지경에 이르러 여차하면 정신을 잃어버릴 것 같았다.

앞이 보이지 않으니 방향감각과 사고력이 마비됐다. 개미 한 마리가 공격해도 쓰러질 만큼 무력해졌다. 열아홉 청춘에 제 발로 늪에 들어가 정신을 놓고 생을 마감한다면, 그 생은 얼마나 한심스러운가. 끔찍한 상상을 하며 몸에 달라붙은 어둠과 씨름했다. 실신하기 직전에 한 점 빛이 눈에 들어왔다. 희미한 불빛이 멀리서 가물거렸다. 몸이 불빛을 향하여 반사적으로 움직였다. 서서히 큰 나무가 눈에 띄기 시작했다. 터널을 이룬 솔숲 끝에 사라졌던 도로가 고스란히 드러났다. 우측에는 보리밭이 펼쳐져 있었다. 전봇대에 매달린 가로등이 나를 이끈 것이다. 차를 타고 다닐 때는 한 번도 보지 못한 장면이다. 가로등 불빛을 받은 6월의 보리밭이 그토록 아름다운지 이전에는 알지 못했다. 달려가 그 위에 눕고 싶었다. 조금 전까지 벌벌 떨며 살려달라고 마음속으로 난리를 치던 자신을 금세 잊어버렸다. 보리의 늠름한 모습이 무척이나 황홀했다. 한편 수확을 앞둔 보리의 성숙이 나의 미숙을 꾸짖는 것 같았다. 너는 어쩌자고 이 밤에 여기에 서 있느냐고.

보리밭을 감상하다가 사방을 둘러보았다. 여유를 차리고 나니 시내 쪽 불빛이 눈에 들어왔다. 드러난 길이 나에게 등을 내밀었다. 먹통이 된 도우미가 다시 목소리를 찾아 경쾌하게 안내 방송을 하는 것처럼 나는 나를 이끌고 단숨에 목적지까지 달려갔다.

내가 어둠 속에 갇혔을 때 첫 번째 적은 외로움이었다. 발버둥 쳐도 소용없다는 좌절감이 공포를 불렀다. 혼자라는 생각은 너무나 빠른 속도로 자신을 우주의 미아로 만들었다. 그동안 살아온 날과 함께했던 사람들에 대한 기억마저 송두리째 앗아가 버렸다. 삶의 한순간 발생한 오류와 한꺼번에 몰려온 남은 인생 전체가 줄다리기라도 하는 듯한 착각마저 들었다. 두 번째 적은 그 상황에서 사람을 만나면 어쩌나 하는 염려였다. '그 시간에 등장하는 사람은 과연 정상인일까?' 하는 불안으로 흔들렸다. 어처구니없는 자기모순에 빠진 것이다. 거기에 있는 자신은 선이고, 혹시 만날 수 있는 타인은 모두 악일 것이라는 지레짐작이 나를 가장 나약한 존재로 만들었다.

산과 들이 온통 초록으로 물드는 계절이 오면 어김없이 꺼내 보게 되는 한 장면이다. 그건 젊은 날의 열정과 무모함이 남긴 흔적이 아닌가 싶다. 그 일 덕분에 생각의 키가 한 뼘 자랐다. 가끔 나에게 말한다.

'아무리 두껍고 긴 밤도 아침에 자리를 내주어야 한다. 손을 맞잡은 세상의 길 위에 우리 모두 함께 있다는 믿음을 갖자. 잠시 멈춰 서서 숨을 고른 뒤에 다시 출발하는 것도 괜찮다. 당장 여기를 통과해야 한다는 조급함이 일을 그르친다.'

가슴에 새겨 아무리 경고등이 울려도 당황하지 않을 것이다.

길은 언제나 그곳에서 나를 기다릴 테니까.

해 질 녘 핫라인

녘의 가장자리는 선명하지 않다. 동틀 녘, 어두울 녘, 강녘 등등 두루뭉술하다. 하지만 글 제목에서 말하는 해 질 녘은 정확히 오후 6시다. 그렇다면 '6시의'로 할 것이지 왜 '해 질 녘'이라고 했을까. 그 이야기를 풀어놓으려 한다.

전화벨이 울리고 화면이 환해진다. 핸드폰에 문자가 뜬다. '엄마'다.

"누군지 알아봐라!"

"네, 알지요. 종애 씨!"

전화기 속으로 한바탕 웃음이 퍼지고 나면 엄마의 일과 보고가 이어진다. 마당에 심은 상추가 잘 자란단다. 대파도 제법 실하구나. 아침에는 죽을 먹고 달걀도 먹었지. 요양보호사가 근대를 썰어 넣고 만든 부침개가 참 맛있더

라. 오후에 사회복지사가 다녀갔어. 등등 한 가지라도 빠뜨릴까 봐 조바심이 나는지 쉼 없이 말한다. 나는 네네, 그러셨어요, 고마운 일이네요.라고 맞장구를 친다. 마지막으로 사위와 손주의 안부를 묻고 마무리를 한다. 내일 또 만나자, 잘 자라.

어머니는 아흔 나이가 믿기지 않을 만큼 바깥출입을 즐겼다. 매일 노인회관에 나갈 정도로 건강했다. 성격이 활발하고 유쾌하여 남들과 잘 어울렸고, 우스갯소리를 하여 주변을 웃음바다로 만드는 특기를 가졌다. 주일마다 성당에 나갔고, 크리스마스 구역별 장기자랑에 연극 주인공으로 참여했다. 대사에 애드리브를 더하는 연기로 '연예인 할머니'라는 별명을 얻기도 했다.

시골 오일장은 거의 빠지지 않고 둘러보았다. 장터는 시내버스로 한참 가야 있다. 고령에 버스를 타는 것이 염려되어 만류했지만 소용없었다. 오일장에 나가는 일이 장을 보기 위한 것만이 아니라는 사실을 알고부터 나는 출입을 응원했다. 어머니에게 오일장은 고향이었다. 곳곳에 지난 세월이 빛바랜 사금파리처럼 흩어져 있기 때문이다. 먼저 간 일가 피붙이들의 흔적이 장터에 남아 있다. 굽은 등을 지고 그곳에 다녀오는 속내를 내가 알아차린 건 퍽 다행스러운 일이었다.

2020년 2월, 코로나 시대가 막을 열 때였다. 활기 넘치는 어머니의 일상은 발이 묶이고 말았다. 노인회관이 문을 닫았고 주일 미사는 안방에서 기도로 대신했다. 오일장도 판을 펼쳤다 접기를 반복해서 혼란을 부추겼다. 어딜 가나 인기 많은 연예인 할머니가 무대를 잃어버린 것이다.

이전에는 어머니와 사나흘에 한 번 정도 통화했다. 조금은 의례적인 소통이었다. 그러던 중 나도 집 안에 발이 묶였다. 시립 도서관 문화 강좌가 닫히고 각종 친목 모임도 취소되었다. 갑갑증이 차오르고 혀의 기능이 마비되는 것 같았다. 나의 현실에 어머니가 보였다. 혹시 생활 리듬이 무너져 건강을 해치면 어떡하나. 고민 끝에 나는 어머니께 제안했다. 매일 저녁 6시에 딸에게 전화하라고 권했다.

엄마와 딸 사이에 놓인 핫라인은 의외로 뜨거웠다. 매일 정시에 벨이 울렸다. 어머니에게 주도적으로 전화를 거는 즐거움을 드렸다. 나는 시간이 가까워지면 핸드폰을 들고 기다린다. 초읽기에 들어갈 때도 있었다. 셋, 둘, 하나 정확하게 신호가 온다.

"엄마다. 다 잘 있지? 엄마는 니하고 전화할 때가 젤 좋다. 니가 내 옆에 있는 것 같구나 … 잘 자라. 낼 또 만나자."

소리에 자신감이 넘치고 당당함이 뿜어져 나온다. 집에 갇혀 종일 쌓은 에너지가 용솟음친다. 정해진 시간에 거리낌 없이 전화를 거는 자격증을 목에 건 사람처럼 대화를 이끈다. 핫라인이 열린 뒤로 나의 태도가 바뀌었다. 전엔 지적 일색이던 통화 내용을 칭찬으로 채웠다. 그건 그러시면 안 돼요. 나이를 생각해야지요. 위험하니 나가지 마세요. 그러던 내가 조금씩 변했다. 네, 잘하셨어요. 그걸 어떻게 아셨지? 훌륭하세요. 그렇게 하시면 돼요.

내가 변한 건 팬데믹의 긴 터널을 지나면서 철이 들었기 때문이다. 지구촌 곳곳은 예상치 못한 고통에 신음했다. 갑작스러운 이별 앞에 가족은 오열을 삼켰다. 그걸 보며 매 순간이 얼마나 소중한지 깨달았다. 세월은 쉬지 않는데 나는 미루기를 일삼았었다. 감사와 사랑의 말을 아꼈다. 나의 맨 나중 마당에 모두 모여 축배를 들며 서로 끌어안으면 된다고 생각했었다. 느닷없이 나타난 공포의 날은 내 생각이 부질없음을 일깨웠다. 이 순간이야말로 일생에 다시없을 귀한 시간이라고 알려줬다.

직통 전화 내용은 특별하지 않다. 무얼 먹은 이야기, TV 아침 방송에 나온 이야기, 아버지와 한판 겨룬 일, 날씨 이야기 등이다. 언제나 끝은 '낼 저녁에 또 만나자.'로 마무리된다.

핫라인이 개설된 이후에 많은 일이 있었다. 집에 갇힌 어머니에게 기다렸다는 듯이 갖가지 질병이 나타났다. 결국 요양보호사의 도움을 받게 되었다. 우리의 핫라인은 더욱 달아오를 수밖에 없다. 전화를 끊고 창문 밖을 내다보면 산을 넘는 해님이 나를 보고 빙긋이 웃는 것 같다.

산도르 마라이의 소설 『열정』에 나오는 한 구절을 옮겨본다. '아흔 살이 지나면, 오십 대나 육십 대와는 다르게 늙는다. 서글픔이나 원망 없이 늙는다.' 아흔에 접어든 어머니가 그렇다. 전화기 너머의 목소리가 듣기 편하다. 글 제목 「해 질 녘 핫라인」이 '6시의 핫라인'보다 맘에 드는 이유는 통화를 마치면 넘어가는 해를 보며 고백의 시간을 가질 수 있기 때문이다. 어머니를 위해 만든 핫라인에 알고 보면 내가 더 기대고 산다고 고백한다.

누군가 매일 정해진 시간에 잊지 않고 나를 생각해 준다는 사실은 축복이다. 목소리만 들어도 나의 기분을 대번에 알아챘다. 좋은 일은 크게 기뻐하고 힘들 때는 위로와 용기를 주는 든든한 내 편이다. 팬데믹 시대는 막을 내렸지만, 우리의 핫라인은 더욱 견고하다.

오늘도 해 질 녘 6시엔 전화벨이 울릴 것이다.

오래전 그 집

집은 내 안에서 섬이 되었다. 섬은 때로 높고 거친 파도에 매몰된다. 파도가 잦아들면 한결 선명하게 모습이 드러난다. 크리스마스 나무처럼 섬에 불이 켜지면 나는 키를 낮추고 섬이 된 '오래전 그 집' 안으로 들어간다. '8반 3동 7호'는 섬에 붙여 놓은 라벨이다. 그 집에 대한 기억 상자는 작고 무겁다. 상자가 열리면 나는 날개를 접고 섬에 내려앉은 새가 된다.

광부들 사택은 흡사 썰어 놓은 김밥 같았다. 우리 여섯 식구는 가운데 벽에 미닫이문을 낸 두 칸짜리 집에서 살았다. 6호와 7호인데 주소에는 7호를 적었다. 가장 뚜렷한 기억은 공동 화장실과 수도에 대한 것이다. 아침마다 화장실 앞에 긴 줄이 생겼다. 지하수가 콘크리트 수조에 쏟아지는 수돗가에 종일 여인네들의 발길이 이어졌다. 무엇이 기억에서 뚜렷하다는 건 무엇으로부터 곤란을 겪었거나, 무엇에 대한 애틋함이 서려 있다는 뜻이다. 이따금 나만의 부엌과 화장실에 안도할 때가 있다. 유년의 어느 모퉁이를 더듬어 보는 날이다.

검은 산과 강에 익숙했다. 휴일에는 친구들과 호미와 대야를 들고 산으로 갔다. 적당한 곳에 앉아 호미로 긁으면 석탄이 나왔다. 석탄이 담긴 대야를 머리에 이고 가파른 산길을 내려와 뒤곁에 쏟아부었다. 그렇게 모아 놓으면 어른들이 간이 기구로 연탄을 찍었다. 회사에서 싼값으로 연탄을 공급했으나 돈을 아끼려고 석탄을 훔친 셈이다. 부엌 한가운데에 마루를 놓았다. 마루에 둘러앉아 밥을 먹고 밥상을 책상 삼아 숙제를 했다. 연탄 아궁이와 화덕이 나란히 있고, 한쪽에 장독대와 연탄 광까지 품은 부엌이야말로 다목적 공간이었다.

집마다 작은 텃밭이 딸려 있었다. 아버지는 주로 꽃을 심었다. 채송화로 꽃밭 가장자리를 장식했다. 분꽃과 달리아가 중앙을 차지했다. 녹색 드레스에 빨간 스카프로 멋을 낸 귀부인 같은 칸나꽃은 울타리 밖에서도 보였다. 달리아가 흐드러지면 어머니는 몇 송이 꺾어 신문지로 감싸 손에 들려주었다. 꽃을 들고 학교에 갈 때 어깨가 으쓱거렸다. 텃밭에 닭장과 토끼장도 있었다. 토끼를 잡아먹던 일도 어렴풋이 떠오른다. 엄동에 털 달린 가죽을 펼쳐 담벼락에 내걸면 나도 덩달아 눈구덩이에 던져진 느낌이었다.

형제들은 건강하고 우애 있게 자랐다. 옷과 신발은 물론이고 교과서와 가방도 물려받았다. 나는 오빠가 쓰던 호랑이 그림이 있는 책가방을 메고 군소리 없이 학교에 다녔다. 모아 둔 신문지로 튀밥을 바꿔 먹고, 깎은 무를 달게 씹으며 겨울밤을 보냈다. 1973년 여름, 우리는 퇴직한 아버지를 따라 그 집을 나왔다.

누구나 가슴속에 '오래전 그 집'이 한 채씩 남아 있을 것이다. 삶이 시작된 곳을 어떻게 잊겠는가. 새끼 낙타는 어미의 배 속에 있을 때부터 어미가 물을 마신 장소를 기억했다가 나중에 혼자서 물을 찾아낸다고 한다. 낙타처럼 사람도 심리적 회귀성을 지닌 게 아닐까. 곳곳에 수많은 발자국을 남기며 살아왔지만, 꿈에는 그곳이 가장 많이 등장한다. 높은 산에 둘러싸여 갑갑한 마을이다. 구급차의 사이렌 소리가 밤을 깨우면 산천이 떨고, 사람들은 숨을 죽이던 곳이다. 검은색 크레파스가 맨 먼저 닳아 버리는 오래전 거기다. 그렇지만 나에게는 어둡고 불안했던 흔적마저 소중하다. 나의 뿌리가 거기 있고, 계속 생명 에너지를 보내 주리라는 믿음 때문이다.

2021년 10월, 부모님을 모시고 그곳에 갔다. 아침 햇살에 눈이 부셨던 날이다. 묵혀 둔 숙제를 하듯이 일을 벌였다. 먼저 도계 성당에 들어섰다. 읍내가 한눈에 들어오는 건물 계단에 올라서면 길이 보일 것 같았다. 그 옛날 산자락에 우뚝 선 성당은 보리밭에 싸여 있었다. 바람에 살랑거리는 유월의 밭은 황금빛 강을 이루었다. 지금은 그 자리에 온통 집이 들어서 복잡한 마을로 변했다. 대충 방향을 가늠하고 자리를 떴다.

긴잎느티나무가 있는 곳으로 갔다. 집으로 가는 길목에 있는 느티나무는 그 자체를 고향이라 불러도 무방할 정도다. 무성한 잎이 파란 하늘을 가렸다. 높이 이십 미터, 밑동 둘레 십일 미터, 나이가 천 년 이상으로 추정되는 천연기념물이다. 나무 밑에서 매년 어린이날 사생 대회가 열렸었다. 나무 몸통에 주관 신문사 로고가 새겨진 현수막을 걸었다. 현재 나무는 밑동부터 현수막이 걸렸던 곳까지 속이 텅 비어 있었다. 사방으로 갈라진 가지와 울창한 나뭇잎의 무게를 어떻게 감당하는지 경이로웠다. 기력이 쇠한 부모님을 나무 아래 있는 벤치로 모셨다. 노부부는 세월에 속을 내어 준 느티나무를 닮아 있었다. 먼 길을 돌아 거기에 닿은 우리를 맞아 준 나무의 기다림에 감사했다. 나무는 수많은 만남과 이별 이야기를 간직하고 세월의 강을 건넜을 것이다. 나무의 빈 가슴에 들어가 하루를 보내고 싶었다. 그러면 전설 같은 나무의 말이 밤새도록 쏟아지지 않겠는가. 우리는 긴잎느티나무와 작별하고 '오래전 그 집'으로 향했다.

마을은 깨끗했다. 예전 사택은 거의 사라지고 남아 있는 일부는 깔끔했다. '8반 3동 7호'가 있던 자리는 사원용 테니스장이 들어섰다. 7호 대신 테니스장을 보는 것만으로도 가슴이 뛰었다. 집 앞을 흐르는 냇물도 맑았다. 석탄 가루 날리던 신작로는 중앙선이 선명한 아스팔트 도로가 되었다. 차를 세우고 한적한 도로 변에 서니 원초적 기운이 폐부 깊숙이 차올랐다. 석탄 산업이 축소된 뒤로 인적이 끊긴 괴괴한 폐가처럼 변했을 거라 예상했었다. 예상과 달리 삶의 훈기가 돌았다. 새로운 흔적을 만들어 가는 현지인들의 손길이 희망으로 보였다.

'가장 중요한 건 눈에 보이지 않아.' 『어린왕자』에 나오는 말이다. 눈에 보이지 않는 것들은 내 안에 있고, 나는 그것을 섬이라 부른다. 거친 비바람과 파도에 의연한 섬은 보물이다. '오래전 그 집'은 내 안에서 의연한 섬이다.

'삶은 언제나 시작이고, 시작은 축복이다.'

등 뒤에서 누군가 던져주는 듯한 말을 새기며 그곳을 떠나왔다.

장롱 위의 사진

유리문을 밀고 스튜디오에 들어갔다. 사진이 펴진 핸드폰을 주인에게 건네며 제단에 놓을 것으로 해달라고 주문했다. 손주 결혼식 때 명동성당 뜰에서 두 분이 함께 찍은 사진이다. 사진을 본 그가 어르신이 돌아가셨냐고 물었다. 나는 아니라고 대답했다. 위독하시냐고 다시 물었다. 빙긋 웃어 보여 그를 안심시켰다. 부모님이 연로해서 미리 준비하는 거니까 서두르지 않아도 된다고 말했다. 사진은 블루투스를 통해 컴퓨터로 전달됐다.

지난봄에 어머니가 병환으로 입원을 했었다. 응급실에서 폐렴 진단을 받고 이십여 일간 병마와 싸웠다. 생전 처음 환자복을 입은 아흔 살 노인은 곁을 지키는 딸에게 아침마다 꿈 이야기를 했다. 매번 아버지의 밥상을 차리는 장면이다. 한결같았던 오랜 일상이 검질기도록 달라붙는 삭정이처럼 어머니의 밤을 점령한 것이다. 기진한 노구는 꿈으로 뒤척이느라 밤마다 온 힘을 모으는 듯했다. 나는 보호자 침대에 누워 몸을 움츠렸다. 간간 흘러내리는 어머니의 숨소리를 가슴에 주워 담았다. 아침이 오면 준비하지 못한 이별이 문밖에 와 있을 것만 같아 불안했다. 친정에 가서 빛바랜 앨범을 들춘 건 어머니가 가까스로 기운을 차려 퇴원한 직후였다.

아버지의 방에 들어갔다. 가족 앨범이 가지런히 꽂혀 있었다. 모서리가 낡아 속살이 내비치는 것이 가장 오래된 것이다. 나는 그것에 '탄생'이라는 이름을 붙였다. 손주들 결혼식 사진이 모여 있는 최근 것은 '새싹'이라 했다. 두 권에 이름을 부여하고 나니 앨범 속 피붙이들이 나에게로 걸어 나오는 것 같았다. 코끝이 찡하고 절로 미소가 지어졌다.

어린 시절 마을에 사진사가 나타나면 어머니는 분주해졌다. 뛰노는 자식들을 불러들여 옷을 갈아입혔다. 사진사는 널찍하고 볕 바른 곳에 야외 스튜디오를 꾸몄다. 손수레에 싣고 온 갖가지 소품이 펼쳐지면 아이들 눈이 휘둥그레졌다. 스튜디오 벽에 세워진 배경에 푸른 하늘로 이륙하는 비행기 그림이 그려져 있었다. 날렵하게 생긴 목마 위에 자식을 먼저 태우려고 어머니들은 신경전을 벌였다. 앨범 속에 목마에 올라앉은 남동생 사진이 있다. 단발머리에 입을 앙다물고 주먹을 움켜쥔 채 카메라를 응시하는 나도 있다. 어린 내가 어른이 된 나를 보며 애썼다고 말하는 듯하다. 그 시절 하루가 그래야만 했던 이유를 알 것 같았다.

아래쪽에 '추억'이라는 글씨가 새겨진 사진이 눈길을 끌었다. 초등학교 소풍날 네 남매가 함께 찍은 것이다. 오래된 사진은 그물처럼 기억 조각을 뱃전으로 끌어올린다. 어머니는 한복을 입고 소풍 행렬을 따라왔다. 탄광 경기가 괜찮았던 60년대 말 전교생이 함께 이동하는 봄 소풍은 꽤 요란했다. 사진사도 여러 명 행렬에 끼었다. 점심시간이 되면 어머니가 미리 일러 준 장소로 달려가 사진부터 찍었다. 어느새 할머니 할아버지가 된 형제의 아련한 유년 앞에서 그 시절 하루가 그래야만 했던 이유에 감사했다.

사진 한 장이 또다시 나를 멈춰 세웠다. 보자마자 타임머신을 타고 고등학교 이 학년 여름으로 날아갔다. 단발머리 여고생 다섯이 교정에 있는 목백합 나무 앞에 서 있다. 도시락을 두 개씩이나 가방에 넣고 다니던 때였다. 야간 자율학습이 시작되기 전인 저녁 시간에 허락을 받은 사진사는 학교에 들어올 수 있었다. 꽃망울 같던 소녀들은 그 순간을 남기려고 까르르대며 부산을 떨었다. 치맛자락 아래 접어 신은 흰 양말과 검은 구두가 단정하게 보였다. 해 질 녘 소녀들이 부산을 떨어야 했던 이유가 참으로 사랑스럽게 느껴졌다.

앨범은 자칫 사라질 뻔했던 적이 있다. 2000년 4월에 발생한 대형 산불로 동해안 일대는 불구덩이가 됐었다. 7번 국도변에 있는 우리집 가까이까지 불이 번졌다. 아버지는 다른 것은 내팽개치고 앨범을 가지고 나왔다. 다행히 화마가 들이닥치기 직전에 바람이 방향을 바꾸어 집은 무사했다. 당시에는 급박한 상황에 무거운 앨범을 챙긴 아버지를 이해하지 못했다. 그로부터 이십여 년이 지난 지금에서야 작아진 아버지를 보며 그날 그래야만 했던 이유에 대하여 고개를 숙인다.

제자리에 꽂은 앨범에서 광부 사택 여인네들의 흐드러진 웃음소리가 들렸다. 산비탈을 오르는 소풍 행렬이 철쭉꽃처럼 피어났다. 꿈꾸는 소녀들의 우정이 복숭앗빛 노을을 그린다. 활활 타오르는 불 냄새도 추억처럼 담겨 있다. 무난하게 살아온 이야기들이 웃는다. 누구나 사진 속에서는 웃음으로 남고 싶어 한다. 환하게 웃는 날을 소망하기 때문이리라. 흘러가는 삶의 한순간을 가장 정직하게 기록하는 방법이 이것 말고 또 있을까 싶다. 행복한 얼굴로 남은 과거를 마주하면 보물을 간직한 듯 뿌듯해진다. 기준점을 찾은 것처럼 소신이 고개를 들기도 한다. 녹록하지 않은 삶과 맞닥뜨려도 제법 단단했던 어제를 떠올리며 접어둔 용기를 꺼내게 된다.

'새싹' 앨범에서 사진 한 장을 골랐다. 한복 차림의 어머니와 정장을 입은 아버지의 자연스러운 미소가 담긴 것이다. 나는 보관하고 있던 사진 파일을 핸드폰에 담아 스튜디오에 넘겼다.

사진을 찾으러 갔다. 서로 어깨를 기대고 있던 두 분이 떨어져 각각 다른 액자에 들어 있었다. 둘이 하나가 되어 가족을 이룬 뒤에 따로 먼 길을 떠나는 것이 부부가 아닌가 하는 생각을 했다. 원판에 나온 성당 건물은 감쪽같이 사라지고 없었다. 은은

한 회색빛 배경에 허리 윗부분만 잘라 자연스럽게 배치한 솜씨에 놀랐다. 사진이 맘에 들어 주인에게 연신 인사를 했다. 집으로 돌아오는 발걸음이 숙제를 마무리한 듯이 가벼웠다. 두 분 생전에 보여드려야 할지 말아야 할지 고민하며 사진을 장롱 위에 올려놓았다.

그림자놀이

모든 그림자는 같은 천으로 지은 옷을 입는다. 겨울 끝에 생동을 이끄는 산수유꽃 그림자는 검다. 겹겹이 붉은 동백의 것도 검기는 마찬가지다. 초록이 짙어가는 계절에 달빛을 못 이겨 발아래 드러누운 소나무의 그늘이야말로 자연이 그린 묵화다. 늦은 밤 처마 밑에 걸어 둔 호미를 본 적이 있다. 오랜 노동에 벼리어 매끈하게 호를 이룬 실체와 그림자가 어우러졌다. 마주 앉아 고단했던 하루를 풀어놓는 친구처럼 보였다. 호미는 낮 동안의 노동을 말하고 그림자는 다소곳이 귀를 기울인다. 아침이 오면 하나가 될 둘을 둥근 달이 내려다본다.

한번은 친정집 외벽에 지팡이만 한 크기의 소나무 그림이 그려졌다. 연필로 스케치하듯이 그린 것이라서 선이 성기고 여렸다. 아흔 살이 넘은 아버지 솜씨다. 무엇이든

묻기 전에는 먼저 말을 꺼내지 않는 아버지를 부추겨 간신히 그 사연을 들었다.

어느 이른 새벽, 잠에서 깬 아버지가 마당으로 나갔다. 울창한 소나무 숲 위로 달이 지나는 밤은 더없이 고요했다. 소나무에 걸린 달빛은 먼 길을 달려와 하얀색 벽에 소나무 그림자를 던져놓았다. 아버지는 선명하게 벽에 비친 소나무에 반해 연필로 윤곽을 따라 그렸다. 사연을 듣는 동안 내 머릿속에는 무대가 펼쳐졌다. 달빛과 소나무와 아버지의 어눌한 손놀림이 어우러진 마당극이다. 나는 한밤 공연에 뒤늦게 초대받은 관객이 된 듯했다. 반년 남짓 벽을 지키던 소나무 그림은 조금씩 흐려지다 마침내 사라졌다. 아버지의 소나무도 그림자 색이었다. 그래서 떠나 버린 것일까. 그림자의 마음은 다음 목적지를 향해 발길을 재촉하는 여행자를 닮았다. 한곳에 오래 머무르지 못하고 서둘러 자리를 뜬다. 어쩌면 빛의 행로에 늘 함께하기로 미리 약속했을 수도 있다.

나는 어둠이 내려앉은 골목길 걷기를 좋아한다. 설거지를 마치고 집을 나선다. 큰길을 벗어나 호젓한 좁은 골목에 들어서면 포근한 어둠이 나를 감싼다. 낮의 분주함이 밤에 스며드는 시간이다. 낮은 쉼 없이 달려와 모래톱에 몸을 부리는 파도를 닮았다. 밤은 파도 같은 낮을 저항 없이 품는다.

지붕 낮은 집 창에 비친 그림자는 호기심을 불러일으킨다. 울안에 대여섯 평 남짓한 남새밭이 있다. 거뭇한 형체로 보아 배추, 파, 무를 짐작할 뿐이다. 왠지 그 집에는 등이 굽어 발걸음이 더딘 노인이 살 것 같다. 간단한 일과를 마치고 아무렇게나 누워 코를 골 것이다. 거미줄에 둘러싸인 형광등이 잠든 주인을 지키고 있는 건 아닌지 궁금하다. 그림자의 파동으로 봐서 텔레비전이 켜져 있는 듯하다. 어른거리는 창을 보며 나는 상상의 나래를 편다. 도둑처럼 몰래 들어가 주인을 닮은 이불을 덮어준다. 텔레비전과 형광등을 끄고 노인의 막내딸이라도 된 듯이 태연하게 마당을 지나 대문 밖으로 나온다.

개 짖는 소리가 들린다. 어두운 골목길을 걷다가 마당에서 밤을 보내는 개를 만나면 반갑다. 내가 어릴 적에 개들은 모두 밖에서 잤다. 반가움에 이끌려 잠시 유년의 뜰을 서성인다. 녀석도 언뜻언뜻 보이는 그림자와 발소리가 싫지 않을 거라는 생각은 착각일까. 짖는 소리가 그렇다. 경계심을 내려놓은 듯이 낮게 가라앉은 짖음에 내 발걸음이 느려진다. 적의가 없다는 신호를 보내고 싶은 알량한 몸짓이다.

초저녁 어둠은 성미 급한 재래시장 경비원 같다. 호루라기를 불며 서둘러 좌판을 정리하라고 채근하면 상인들의 손놀림이 바빠진다. 밤이 낮의 자리를 차지할 때도 그런 서두름이 대지에 깔린다. 어느 틈에 모호한 경계를 슬그머니 넘은 밤이 자리를 편다. 어둠이 빽빽해진 골목을 걸으며 밤은 낮의 그림자고, 낮 또한 밤의 그림자가 아닌가 하는 상념에 젖는다.

밤 산책의 또 다른 묘미는 간간이 사유의 강에 빠지는 것이다. 그림자는 진한 검은색 옷을 입고 주인을 이끈다. 앞으로 쭉쭉 뻗어 나가다가 갑자기 사라지기도 한다. 어디쯤에서는 동시에 두세 개의 나를 만든다. 더러는 뒤에서 따라오거나 겁먹은 아이 모양으로 작은 키를 하고 옆에 바짝 붙어 설 때도 있다. 살다 보면 삶의 의지를 위축시키는 것들 때문에 길을 잃어버릴 때가 있다. 아쉬움으로 남은 지난날을 뒤척이는 짓이 그렇다. 멋져 보이는 타인의 삶과 나를 비교하는 일이 그렇고, 현재에다 미래에 대한 불안을 성급하게 덧대는 것도 길을 흐리게 한다. 그건 소신과 용기를 걷어버려 나를 작아지게 한다. 가로등 불빛을 따라 내 주위를 맴도는 변화무쌍한 그림자와 닮았다. 골목을 걷는 나만이 오로지 삶의 주인이다. 주위를 맴도는 다수의 그림자는 빛의 손에 걸린 허상이다. 그 허상에 휘둘리지 말아야 한다.

저녁에 시작하여 밤에 끝을 맺는 골목길 산책은 나에게 집중하게 만든다. 무대 위에서 오롯이 스포트라이트를 받는 모노드라마의 주인공이 된다. 귓등에 내려앉은 밤이슬이 말한다.

"표정과 온기를 잃은 검은 그늘의 속박에서 벗어나세요. 노란 산수유꽃의 유쾌와 동백의 핏빛 열정에 취할 준비됐나요? 그러다 가끔은 달빛 아래서 아버지의 멋을 흉내 내 보는 것도 괜찮겠어요."

산책을 마치면 가벼워진 몸과 마음이 어둠 속에서 건져 낸 생기를 집 안에 부려 놓는다. 하루의 끝자락에서 무지갯빛 내일을 꿈꾼다.

삼베보

7분짜리 영상을 만든다.

쇼팽의 「영웅 폴로네이즈」가 흐르면서 화면에 종이상자가 나디난다. 상자는 흰색 조배지 위에 푸른빛 한지로 안팎을 둘렀다. 화면에 비친 푸르름이 달을 연상시킨다. 상자 뚜껑이 열리고 담겨 있던 삼베보가 날아올라 시야에서 사라진다.

화면은 녹색 물결이 넘실대는 삼나무숲을 보여준다. 어른 키를 훌쩍 넘긴 나무가 8월 들판에 빼곡히 서 있다. 줄기마다 풍성하게 달린 잎은 펼친 손바닥을 닮았다. 사라졌던 삼베보가 다시 날아와 숲에 숨는다. 낫을 든 사람들이 나무를 벤다. 잎을 뗀 줄기만 트럭에 싣고 삼굿이 펼쳐질 곳으로 간다. 삼굿은 대마 줄기에서 섬유를 수월하게 얻으려고 수증기로 삼나무를 찌는 공정이다.

장작에 불을 댕겨 돌을 달구고, 달군 돌에 물을 부어 수증기를 만든다. 수증기는 노천 불가마에 켜켜이 쌓은 삼나무를 통과한다. 수증기와 스무 시간 가까이 뜨거운 사랑을 나눈 나무는 빛과 바람과 비의 언어인 녹색을 내려놓는다. 진갈색으로 변한 것을 강물에 헹군다. 껍질을 벗겨 말린 뒤에 초벌 찢기를 하는 장면으로 영상의 전반부가 완성된다.

카메라는 몸을 웅그린 까치밥을 비춘다. 눈 덮인 지붕의 귀퉁이에 붙어 을씨년스럽게 연기를 뿜는 굴뚝에서 잠시 멈춘다. 이어서 느리게 집 안으로 들어간다. 한 여자가 손에 겨우 잡히는 삼 뭉치를 물그릇에 담근다. 뭉치는 초벌 찢기를 해서 공처럼 말아 둔 것이다. 물에 불려 눅눅해진 삼을 한 가닥씩 들어 찢는다. 삼삼기 과정이다. 입술과 양손을 써서 가늘디가늘게 쪼갠다. 쪼갠 삼실을 맨 무릎에 올린 채 한 올 한 올 서로 맞대고 비벼 꼬아 길게 잇는다.

다음은 공동 작업 장면이다. 한 폭씩 내려뜨려 말리는 국수 공장의 면발처럼 날실을 마당에다 길게 펼친다. 베짜기를 위한 기본 틀을 만드는 것이다. 가지런하고 단단해지라고 실에다 풀을 먹인다. 베날기와 베매기 과정이다. 엉킴을 막으려 사이에 얇게 쪼갠 대나무를 끼워가며 펼쳐진 실을 감는다. 둥글게 감겨 날실의 바탕이 되는 도투마리 만들기를 클로즈업으로 촬영한다.

이제 나의 작업은 끝자락에 이르렀다. 모든 일이 그렇듯이 마무리는 중요하고 어렵다. 이쯤에서 배경음악을 끈다. 마지막 1분은 삼베를 짜는 장면으로 채운다. 계절은 다시 여름이다. 먼저 텃밭을 찍는다. 상추와 부추, 오이와 호박도 보여준다. 어디선가 딸깍거리는 소리가 난다. 카메라는 소리를 쫓아간다. 열린 방문으로 베를 짜는 여자가 보인다. 슬며시 끼어든 매미 소리가 음향에 입체감을 더한다. 나는 작은 방 절반을 차지하는 베틀과 여자와 바닥에 누운 부채가 한 화면에 들어오는 곳에 선다.

씨실을 뿜어내는 북이 도투마리가 내주는 날실 사이로 들락거린다. 노끈을 매단 낡은 운동화를 신은 여자의 오른발이 리듬을 유지하며 앞뒤로 움직인다. 그럴 때마다 37센티 폭의 날실 판이 상하로 고갯짓을 한다. 빗살 사이에 한 올씩 날실을 끼우고, 씨실이 지날 때마다 단단하게 다지는 바디의 마찰음이 경쾌하다. 그 음은 건조하고 쌀쌀맞게 느껴진다. 여자의 육신을 쥐어짜는 듯이 딸깍거린다. 하지만 어떠한 효과음보다 진실하다. 베틀 각각의 이음새에서 신음처럼 울려 퍼지는 삐걱거림이 더불어 조화롭다.

완성된 삼베 한 필이 방바닥에 펼쳐진다. 방안은 고요하다. 여자는 한 필 삼베의 끝단에 가위를 댄다. 정사각형 모양으로 조심스럽게 잘라 삼베보를 만든다. 네모난 삼베보가 푸른빛 상자 속으로 들어가고 뚜껑이 닫히면서 영상은 끝을 맺는다.

어머니가 주신 삼베보를 보며, 머릿속으로 영상을 만들었다. 내가 고른 배경음은 연주 시간이 7분이다. 힘과 용기, 인내와 절제, 승리가 골짜기를 내달리는 물줄기같이 표현된 곡이다. 어머니의 삶과 잘 어울린다. 어머니가 짠 삼베는 읍내 오일장에서 인기가 좋았다. 실이 가늘고 이음매가 고왔다. 그 솜씨를 따라 올 사람이 없을 정도였다. 베는 늘 비싼 값에 팔렸다.

나는 삼베보의 언어에 귀를 기울인다. 나무껍질 벗기기는 얼마나 힘들었는지. 젖은 삼을 찢으며 견딘 겨울바람은 어떠했는지. 삼에서 나온 독이 번져 벌겋게 부르튼 입술에 발랐던 안티푸라민은 몇 통이나 되는지. 실을 잇느라 걷어 올린 무릎은 또 얼마나 시렸는지. 뜨거운 여름날, 부채에 의지해 베를 짜는 일과 땀띠와 가난에 관한 언어가 고스란히 삼베보에 담겨 있다.

영화 「앙(단팥 인생 이야기)」에는 단팥을 만들 때 솥뚜껑에 다가가 팥의 이야기에 귀를 기울이는 장면이 나온다. 주인공 도쿠에는 말한다. '팥이 보아 왔을 비 오는 날, 맑은 날들을 상상하는 거지. 팥의 긴 여행 이야기를 듣는 일이야.'

내가 삼베보를 펼치는 것은 촘촘하게 어우러진 날실과 씨실의 언어를 듣기 위해서다. 어머니의 삶에 귀를 기울이는 것이다. 그건 내가 자라온 이야기이기도 하다. 삼베보에는 수많은 어제가 점점이 박혀있다. 어제를 만나면 새삼 뿌리를 찾은 듯이 든든해진다. 든든함은 내일을 흔들지도 모를 바람에 맞설 자신감이 된다. 나는 삼베보를 고이 간직한다. 앞으로도 펼쳤다 접기를 무수히 반복할 것이다. 삼베보의 긴 여행 이야기를 들으려고.

마지막 인연

일요일은 친정에 가는 날이다. 가는 길에 마트에 들러 음식 재료와 간식거리를 산다. 음식 재료는 그녀가 즐겨 사용하는 것으로 고른다. 그녀는 부추, 버섯, 호박 등의 채소를 가늘게 썰어 넣고 부침개를 만든다. 여름철에는 상추와 근대를 쓰기도 한다. 치아가 부실한 어머니는 부침개를 무척이나 좋아한다. 두 분이 인연을 맺은 지 이 년이 넘는 동안 그 일은 계속 이어지고 있다. 간식도 되도록 삼키기 쉬운 것으로 산다. 메모한 것 중 빠진 건 없는지 살펴보고 발걸음을 재촉한다.

어머니는 거실 유리창 앞에 앉아 있다. 가끔은 서 있을 때도 있다. 아마 삼십 분이나 한 시간 전부터 대문에 시선을 꽂고 나를 기다렸을 것이다. 이제는 동네 어귀까지 마중 나올 엄두를 내지 못한다. 창문으로 내비치는 어머니의 눈은 흩어지는 저녁노을을 닮았다. 힘찬 목소리로 인사를 하며 집으로 들어간다. 나이에서 아흔을 뺀 아기가 서툰 걸음으로 내 뒤를 졸졸 따라다닌다.

코로나19 팬데믹 시대가 막을 열 무렵이었다. 건강 악화로 두 차례 입원했던 어머니는 겨우 몸을 추슬러 집으로 돌아왔다. 체중은 35킬로밖에 안 됐고 인지능력도 형편없이 떨어졌다. 보호가 절실히 필요했다. 그렇다고 고령인 아버지에게 전적으로 맡길 수도 없는 일이었다. 살면서 남의 도움을 받아 본 적이 없던 터라 요양보호 서비스를 거부했다. 낯선 사람을 들이는 것에 부담을 느꼈다. 며칠 지나면 훌훌 털고 다시 일어서겠다고 고집을 피웠다. 우여곡절 끝에 그녀와 인연을 맺게 된 것이다.

만들어 간 밑반찬을 냉장고에 넣는다. 마트에서 사 온 재료들도 잘 정리해 둔다. 어머니는 부엌에서 점심을 준비하는 딸 주변을 맴돌며 말할 틈을 노린다. 천천히 입을 떼고 얼마 지나면 가속 페달을 밟은 자동차처럼 이야기가 넘치고 흥이 붙는다. 나는 장단을 맞추거나 크게 웃으며 요리에 집중한다. 대부분 그녀와 지낼 때 있었던 일이다. 수없이 전해 들은 세 분의 이야기를 여기에 적는다.

10시가 가까워지면 어머니의 머릿속은 온통 기다림뿐이다. 거실 의자에 앉아 대문 쪽을 바라본다. 아버지는 문을 활짝 열어 놓고 마당을 쓴다. 앞집 지붕 너머로 시내버스가 지나가는 것이 보이고 채 5분이 안 돼 그녀가 마당 안으로 들어선다. 아버지는 한 손을 슬쩍 들어 반갑게 맞이한다. 거의 동시에 어머니는 의자에서 일어나 현관문 쪽으로 발을 옮긴다. 하루 만에 다시 만난 두 여자가 반갑게 하이 파이브를 하고 나면 3시간의 동거가 시작된다.

셋은 만나자마자 함께 커피를 마신다. 서로 말하고, 듣고, 웃는 시간이다. 그녀가 집에 오면서 생긴 문화다. 그녀는 명랑하고 친절하며 늘 유쾌하게 대화를 이끌어간다. 듣는 힘이 약한 어머니는 귀를 쫑긋 세우고 눈빛을 보며 공감한다. 묵묵한 아버지는 고개를 끄덕이는 것으로 대화에 참여한다. 차를 마시는 동안에 그들은 서로를 박사라고 부른다. 그녀는 요리박사다. 요리박사가 요리에 집중하도록 집 안을 정리하고 정돈하는 아버지는 청소박사다. 부엌에서 보조 역할을 하는 어머니는 도움 박사다. 몸과 마음이 흐려지는 것을 염려해 늘 어머니를 움직이게 만든다. 마늘 까기, 파 다듬기, 양파 까기 등이다. 점심 식사를 마치고 부엌이 깨끗해지면 헤어질 시간이 된다. 그녀가 어머니를 품에 끌어안고 등을 토닥여주는 것으로 하루의 동거는 끝이 난다. 가슴 설레는 기다림이 다시 시작되는 순간이기도 하다.

지난봄에 아버지를 요양원에 모셨다. 가시기 전 몇 달 동안 병원에 계셨다. 거동이 힘들어 침대에 누워만 있던 아버지가 무슨 생각이 났는지 불쑥 말을 꺼냈다.

"박 여사가 고마워."

'박 여사'는 아버지가 요양보호사님을 지칭하는 말이다. 나는 그 말의 의미를 알 것 같아서 더는 아무것도 묻지 않았다.

인연을 맺으며 절반을 보내고 나머지는 맺은 것을 풀면서 가는 게 인생이라는 생각을 한다. 인연을 푼다는 것은 인간관계에서 헤어짐을 뜻한다. 살면서 생긴 모든 인연은 우리 의지와 상관없이 언젠가는 끝에 다다른다. 더욱이 장수를 누리는 사람들은 더 많은 이별을 경험하게 된다. 아버지의 주소록에 빼곡하던 인연 중 이제 남은 건 몇 안 된다. 황혼에 맺은 짧고 인상적인 인연에 아버지는 감사한 마음이 컸던 것 같다.

나는 매일 해 질 녘에 어머니와 전화를 한다. 전화기 너머로 어머니의 하루가 생생하게 펼쳐진다. 아침에 눈을 떠 만남의 시간을 생각하면 기운이 솟는다고 했다. 이렇게 신나는 만남을 만든 이에게 감사한다. 나의 일요일은 그 관계에 슬며시 끼어드는 날이다. 부모님 생전 스스로 움직이고 서로 호응이 가능하던 마지막에 만나 정을 붙인 사람이 지금 어머니와 함께하는 요양보호사님이다. 어머니는 저물어 가는 황혼의 들판에 서 있다. 나는 자식처럼 어머니 손을 잡아주는 사람, 부모님의 마지막 인연, 그 분을 오래도록 기억할 것이다.

4

숨바꼭질 정원

무엇이 다른 무엇을 지킨다는 것은 자신의 일부를
선뜻 내준다는 뜻과 같다.
- 숨바꼭질 정원 -

페루에서 보낸 편지

누군가 안부를 물어온다면, 그것도 첫새벽에 말이다. 페루 아구아스깔리엔떼스에서 핸드폰 소리에 눈을 떴다. 아픈 데는 없냐고, 여행은 잘하고 있냐고, 무탈하길 빈다는 지인의 문자를 받고 가슴이 찡했다. 길 위에서 보낸 지 8일 차에 접어들어 스멀스멀 집 생각이 날 때쯤이었다. 그동안 꾹꾹 눌러 담아 뒀던 말이 봇물 터지듯 손가락 끝으로 빠져나왔다. 지인은 기행문 같은 답장을 간직했다가 여행에서 돌아왔을 때 나에게 도로 돌려주었다. 돌려받은 글이 주인에게 큰 선물이 되었다. 벼르고 벼르던 남미 여행을 가서 잠시 숨을 고르던 내 이야기를 여기에 옮긴다.

이곳에 와서 맨 먼저 새를 만나러 갔어요. 페루의 갈라

파고스라 불리는 바에스타스 섬입니다. 숲을 이룬 새를 보면서 소설가 로맹 가리를 떠올렸어요. 먼 옛날 그도 만년설같이 섬에 내려앉은 새를 보았을까. 그리고 『새들은 페루에 가서 죽다』를 썼을까. 왜 끝말이 '죽다'였을까. 흔들리는 배에서 더 흔들리는 상념에 잠겼답니다. 해안가에 빼곡하게 들어찬 바다사자는 검정 벨벳 망토를 두른 바위 같았어요. 섬은 새와 바다사자를 품고, 새와 바다사자는 꿈틀거리는 섬을 만들고 있었지요. 언젠가 '살다'로 끝나는 제목의 소설 한 편 쓰고 싶다는 소망을 섬에 던져 놓고 왔습니다. 길 위에서 특별한 감동을 만나면 잠자고 있던 감성이 기지개를 켜기 시작한답니다.

핸드폰에 있는 프로필 사진은 와카치나 사막에서 찍은 것입니다. 사막 정상에서 샌드보드에 배를 붙이고, 가파른 경사면을 전갈처럼 내려왔어요. 그때를 생각하면 지금도 가슴이 뛴답니다. 선글라스로 처진 눈을 가리고, 보드를 세워서 든 채 손가락으로 브이를 연출하는 모습이 당당한 20대로 보이지 않나요? 당시 마음이 그랬어요. 어느 아프리카 부족은 뱀을 섬긴답니다. 그들은 땅을 세상의 어머니라 했지요. 땅의 소리를 온몸으로 받아 내는 뱀이 세상을 다스리는 전지전능한 신이라고 여겼거든요. 사막에 엎드린 내 귓가에 어머니의 숨소리가 바람같이 스쳤습니다.

고대 페루인은 나스카 평원에 그림을 그렸어요. 원숭이, 벌새, 거미, 콘도르 등 불가사의한 그들의 솜씨를 보려고 12인승 경비행기를 탔지요. 전생에 새였나 싶을 정도로 내 몸은 비행기와 하나가 됐답니다. 그림은 대평원에 누워 이방인을 올려다보더군요. 고대인들은 미래에 새를 닮은 종족이 나타나리라 예상한 건 아닐까요. 공중에서나 볼 수 있는 그림을 그렸으니까요. 후세로 갈수록 인류의 몸집이 점점 불어날 것이다. 한걸음에 산을 넘고, 두 걸음에 강을 건널 것이다. 우리의 삶을 평원에 그려 그들에게 전하자. 그런 상상을 했습니다. 곳곳에 의미는 산을 이루고 인류는 의미를 이해하지요. 때로는 의미를 왜곡하며 또 다른 의미를 남깁니다. 그러면서 강처럼 흘러가는 것이 아닌가 하는 생각을 했답니다.

미지의 세계에 적응할 무렵 복병이 나타났지요. 삼천삼백 미터 고도에 있는 쿠스코는 잠시 새였고 전갈이었던 저를 무기력의 나락으로 밀어 버렸습니다. 잉카제국의 수도이고 세계의 배꼽인 쿠스코는 여전히 견고했답니다. 여행자에게 '고산증'이라는 목걸이를 걸어 주며 격하게 환영했으니까요. 목걸이는 두통, 설사, 가슴통, 구토를 꿰서 만든 것이지요. 저는 증세가 심해서 숙소에 도착하자마자 로비에 널브러졌습니다. 불안감을 느낀 사람들이 여기저기서 가이드를 찾는 소리가 들렸어요.

"가이드님, 비아그라 언제 먹어요?"

고산증 예방약으로 준비한 것입니다. 의사 처방을 받아 구한 것이 제 역할을 할 때가 온 것이지요. 머리는 터질 듯이 아팠고, 밤새도록 화장실을 들락거렸어요. 이러려고 여기까지 왔는가. 이곳에 오기 위해 얼마나 많은 것을 참고 접고 기다리며 애썼는데,

이 무슨 개고생이란 말인가. 집으로 돌아가고 싶은 생각이 들 정도였어요. 고통을 겪는 사이에 몸이 적응했는지, 다음 날 모두 부스스 살아났답니다. 시간이 명약임을 다시 한번 깨달았지요. 덕분에 영원히 지워지지 않을 '쿠스코'라는 문신 하나를 가슴에 새겼습니다.

지금은 2017년 3월 18일 오전 2시, 초저녁부터 곯아떨어져 자다가 핸드폰 소리에 깼어요. 선생님 손이 적막을 두드렸어요. 여러 날 객지를 서성이다 보면, 집 가까이에 있는 바닷가에 나가 파도의 말을 듣지만, 그 안에 안기지 못하는 것과 같은 애틋함이 가슴속에서 바작거릴 때가 있답니다. 그건 이방인을 흔드는 순한 바람이지요. 낯선 새벽에 받은 안부와 격려는 순한 바람을 잠재우는 깜짝 선물입니다. 어제는 18킬로 '잉카의 길 걷기'에 참여했어요. 깊이가 아득한 협곡 8부 능선을 잉카인처럼 걸었답니다. 흰 구름은 녹색 망토를 두른 산에 갖가지 그림을 그렸지요. 그림으로 나그네에게 장난꾸러기같이 말을 걸었어요.

"넌 누구니?"

협곡을 질주하는 우루밤바강의 외침이 귓가에 닿았습니다.

"너 안에서 주절대는 시계와 계산기를 강물에 던져라."

고된 트레킹의 끝자락에 마추픽추가 서 있었어요. 숨이 멎는 것 같았지요. 대체로 구름옷에 몸을 숨겨 여행자를 애태우는 그가, 종일 걸어온 나를 깔끔한 몸으로 맞이했거든요.

박 선생님, 우리가 짙푸르던 시절에 그룹 칭기즈칸이 부르던

「마추픽추」란 노래가 히트했던 적이 있었지요. 반복되던 후렴구는 중독성이 강해서 의미도 모른 채 따라 불렀어요. 생각해 보면 그때부터 막연히 '잃어버린 공중 도시'는 언젠가 내가 '찾아가야 할 도시'가 된 것 같습니다. 마침내 어제, 숱한 수수께끼를 짊어진 그곳에 가닿았지요. 조금만 더 친해지면 전설을 쏟아 낼 것 같은 돌담에 걸터앉아 옛날처럼 후렴구를 흥얼거렸어요.

선생님과 저는 둥근 지구의 위와 아래 어디쯤 있지만, 이렇게 소식 전할 수 있어서 흥분됩니다. 당연한 것으로 여겨지는 일상이 먼 곳에서 바라볼 때, 얼마나 소중한 모습으로 다가오는지 깨닫는 것은 가슴 떨리는 일입니다.

여기는 마추픽추 아래 기차가 정차하는 마을, 따뜻한 물이라는 뜻을 지닌 '아구아스 깔리엔떼스'입니다. 조금 전에 부지런한 첫 기차 소리가 들렸어요. 종일 여행자를 실어 나르는 기차는 얼마나 많은 이야기를 담고 있을까요. 이야기 속에 나도 작은 흔적을 남겼다고 생각하니 그들과 손잡은 느낌입니다. 날이 밝아 오면 다시 쿠스코로 돌아갑니다. 삶은 언제 어디서든 여행이지요.

선생님의 여행도 편안하시길 빕니다.

제주의 깊고 짙푸른 밤

사람들은 '우리 언제 밥 한번 먹자'라는 말을 쉽게 내뱉는다. 그렇지만 그 언제가 지금이 되는 일은 어렵다. 친목 모임에서 자주 등장하는 말이 있다. 누군가의 입에서 '우리 언제 제주도 한번 가자'라는 제안이 그것이다. 하지만 여기서 언제가 당장으로 바뀌는 일 또한 수월찮다. 이렇듯 까다로운 언제라는 말에는 이루고 싶은 소망의 뿌리가 담겨 있는지도 모르겠다. 지금은 이런저런 사정에 매여 있지만, 때가 되면 함께 밥 먹고 여행도 떠나자는 애틋한 소망 말이다.

살다 보면 자신을 묶고 있던 밧줄이 느슨해질 때가 있다. 그 순간을 잽싸게 포착하여 열정의 심지에 불을 붙여야 한다. '언제'가 '당장'이 될 수 있는 절호의 기회이기 때문이다. 나에게도 그런 날이 있었다. 모임을 만들어 20

년이 지나도록 말로만 하던 일을 행동에 옮긴 것이다. 더 늦으면 언제라는 단어조차 잃어버릴 것 같아 각자의 사정을 뒤로하고 우리는 출발했다.

때는 2018년 10월, 공항에 내려 렌터카 회사로 이동했다. 서류를 작성하고 차를 인수하는 일은 쉬웠다. 그러나 2호 차 기사를 맡아 차에 오르니 심장이 두근거렸다. 제주에서, 낯선 차종으로, 4일간 남을 태우고, 모두가 처음이다. 처음 접하는 일은 부담과 두려움을 동반한다. 반면에 잠자고 있던 모험심이 기지개를 켜며 등을 떠밀기도 한다. 한번 해 보라고.

차에 내장된 내비게이션을 켜고 식당으로 이동했다. 제주 하늘은 엷은 복숭앗빛 미소로 우리를 환영했다. 집을 나온 여인네들은 해방을 맞은 식민지 백성처럼 말과 웃음을 토했다. 식당에 도착하여 주차할 때 문제가 생겼다. 핸드 브레이크가 보이지 않았다. 주차장은 좁고 경사져서 브레이크 밟은 발을 뗄 수 없었다. 기사가 당황하니 승객들은 도로 식민지에 갇혔다. 일행 한 명이 검정 머릿수건을 두른 젊은 종업원을 데리고 왔다.

"손님, 왼쪽 아래 풋 브레이크가 있어요. 그거 살짝 밟아 보세요."

운전 경력 25년에 '풋 브레이크'라는 말을 처음 들었다. 예순의 문턱에서 새로운 것을 알게 되니 뿌듯했다.

복잡한 일상에서 서로 일정을 맞추는 것에서부터 여행은 시작된다. 가족을 위해 밑반찬을 만들고, 청소기와 세탁기를 돌려놓는 일도 여행의 일부다. 그러니 제주에 내린 첫날이 우리에게는 여행의 중반인 셈이다. 여행의 중반은 여행자를 부추긴다. 맛있게 먹고, 많이 웃고, 실컷 즐기라고.

식사를 마치고 숙소로 향했다. 30분 정도 달려 도착한 곳은 도시 외곽에 있는 허름한 민박집이었다. 새벽에 집을 나와 기차와 비행기를 갈아타고 섬에 내려 그곳까지 달려간 여자들은 실망에 빠졌다. 전화로 예약하느라 주인의 말을 곧이곧대로 믿은 게 불찰이다. 방에 들어선 순간 여행객이 아니라 감귤 농장 일꾼이 된 느낌이었다. 어두운 마당에 둘러서서 대책을 세웠다. 핸드폰을 들고 한참을 씨름하여 묵을 호텔을 찾았다. 섬은 이미 잠들었고 두 대의 차는 다시 길 위에 섰다.

가스가 바닥날 지경인데 충전소가 보이지 않았다. 연료를 공급하라는 경고 문자가 떴다. 겁을 먹고 갓길에 차를 세운 뒤 렌터카 회사에 전화를 걸었다. 돌아온 답이 기를 눌렀다.

“견인차를 부르세요. 그 부분은 저희가 도와드릴 수 없습니다.”

가스통을 메고 달려올 것이라는 기대가 물거품이 되었다. 인근 충전소는 전화를 받지 않았다. 제주도에 야간 통행 금지령이 내린 듯했다. 1호 차는 목적지에 도착했다는 연락이 왔다. 초조해진 나는 불안감을 감춘 채 도로를 달렸다. 4차선이 2차선으로 줄어들더니 급기야 좁고 구불구불한 산길이 나왔다. 마른 억새가 하늘거리는 무인지경 산속에 들어간 것이다. 내비게이션에 의지해 그곳까지 갔는데 갑자기 경로 안내선이 사라졌다. 정신을 가다듬고 사방을 둘러보았다.

주위에 익숙해질 무렵 불 꺼진 간판이 눈에 들어왔다. 토종닭요리 전문점이다. 더듬거리며 그곳으로 갔다. 낡은 유리문을 통해 형광등 불빛이 내비쳤다. 조심스럽게 문을 여니 늙수그레한 남자들 대여섯이 술판을 벌이고 있었다. 어렵게 입을 열었다.

"내비게이션이 꺼지고 가스가 바닥이 나서 그러는데요, 좀 도와주세요."

한 남자가 술판에 낀 방해꾼을 향하여 불퉁스럽게 말을 뱉었다.

"가스 충전소는 여기서 너무 멀어요. 마당에 차를 세워 놓고 그냥 걸어가세요."

얼굴이 불콰해진 다른 남자가 풀죽은 우리에게 오더니 목소리를 높였다.

"경고음이 울려도 50킬로는 갈 수 있다니까요."

그리고 미닫이 유리문을 덜컥 닫아 버렸다. 누구 말을 들어야 할지 헷갈렸다. 더 귀찮게 굴면 몽둥이를 들고 쫓아올 것 같은 분위기다. 어두컴컴한 숲길을 돌아서 나오는 동안 깊은 바닷속과 같이 어둡고 짙푸른 제주의 밤이 나를 감쌌다. 세상 울타리 밖으로 튕겨 나온 것 같았다. 바보가 된 기계보다 내가 더 바보스러웠다. 다시 시동을 걸고 길을 찾아 나섰다. 좁은 억새 숲길을 따라 100m 정도 이동했을 때 내비게이션이 깨어났고 숨죽이고 있던 네 여자는 환호성을 질렀다. 산에서 내려오자 넓은 도로가 나왔고 호텔은 부근에 있었다. 목적지 코앞에서 길을 잃었다고 생각하니 분하고 어이가 없었다. 호된 신고식 덕분에 둘째 날부터는 모범 기사가 됐다.

일행은 마라도 등대 앞에서 모델 포즈로 사진을 찍었다. 서귀포 올레 시장에 들러 말린 고등어를 사서 집으로 보냈다. 감귤밭에 들어가 한 컷 남기려다가 주인에게 야단맞았다. 미안한 마음에 몇 상자 또 집으로 부쳤다. 길 위에서 익숙해지면 여행은 끝자락에 닿은 것이다. 마지막 밤에는 주름진 손을 모아 사진을 찍으며 소중한 인연을 굳혔다. 중년을 보내는 시린 마음과 노년을 맞는 헛헛함을 어루만져 주었다. 다른 듯 다르지 않은 서로의 삶에 공감했다.

제주 여행은 빌린 차를 반납하면서 마무리된다. 모두 맺힌 것이 많은 사람처럼 굳은 얼굴로 차에서 내렸다. 담당 직원이 나와서 차를 살펴보았다. 여인네들은 벌떼같이 달려들어 한마디씩 던졌다.

"아저씨, 내비가 왜 그래요?"

"멀쩡하게 큰길 놔두고 좁은 길로 가라 하니, 이런 엉터리가 어디 있어요."

"얘 때문에 산속에서 헤맸잖아요, 손 좀 보세요."

폭포처럼 쏟아지는 원성을 말없이 듣고 있던 남자가 한마디 했다.

"다른 사람들은 이거 안 써요."

셔틀버스에 올랐다. 항의가 쓰레기통에 버려지는 것 같은 서운함을 뒤로하고 공항으로 갔다. 비행기에 앉자마자 여독이 밀려들었다. 눈을 감고 여행의 최고를 뽑았다. 단연 1등은 제주의 깊고 짙푸른 밤이었다.

여름날의 수채화

칠월의 아침은 부지런한 농부다. 밤은 노련한 도둑처럼 다녀가고, 햇살이 이미 마당을 쓸어 놓았다. 새로 산 도화지같이 눈부신 마당에 부지런한 사람들이 모였다. 저마다 준비한 붓과 물감으로 수채화 한 장씩을 그리기 위해서다.

종합운동장에서 출발해 동해고속도로에 진입했다. 도로를 감싸는 회색 콘크리트 담벼락이 봅슬레이 경기장을 연상시켰다. 담장에 갇혀서 눈을 감고 담장 밖을 떠올려보았다. 푸른 바다와 손잡은 7번 국도가 시원한 파도 소리에 더위를 식히고, 해변과 소나무 섬을 오가는 갈매기는 눈을 부릅뜨고 물속을 노릴 것이다.

양양 나들목을 빠져나와 미시령으로 향했다. 이번 산행의 목적지는 해발 1,244m에 있는 설악산 봉정암이다. 용

대마을에 도착하자마자 식당으로 들어가 산채정식과 황태구이를 주문했다. 질그릇에 담겨 나온 산나물비빔밥이 입맛을 돋웠다. 열무김치, 손맛 깊은 깻잎장아찌, 매콤달콤한 황태구이를 먹으니 힘이 솟았다. 식사를 마쳤을 때 누구의 배낭이 열렸다. 그때부터 우리의 수채화는 유화로 변하기 시작했다.

아침에 삶았다는 옥수수를 나눠줬다. 옥수수 알갱이가 여남은 개쯤 남았을 때, 두 번째 것이 나왔다. 빨간 복숭아를 달게 먹었다. 포만감을 끌어안고 자리에서 일어났다. 셔틀버스를 타고 초록을 다투는 오솔길을 지나 백담사에 닿았다. 지나온 길을 뒤로 한 채 지나갈 길 어귀에서 준비 체조를 하고 기념사진을 찍었다. 열두 개 손을 포개 파이팅도 외쳤다.

웅숭깊은 계곡에 들어찬 나무와 물과 바위는 제각각이어서 멋졌다. 신은 자연에 자신만의 모양과 색깔을 공평하게 부여한 것 같았다. 저들은 서로 비교하거나 닮으려고 애쓰지 않고, 자기 자리에서 함께 조화로웠다. 하늘빛이 담긴 옥색을 쉼 없이 내리는 골짜기 물은 땀과 짊어지고 온 일상의 열기를 시원하게 식혀 주었다.

설악산 영시암에 도착했다. 쉼터에 앉기 무섭게 페트병에 담아 온 오미자차를 따라 주었다. 넙죽 받아 마셨다. 물만 챙긴 나 자신이 부끄러웠다. 뒤미처 달콤한 엿이 돌았다. 부끄러움을 덜기 위해 주는 대로 받았다. 음식을 거절하는 일은 어디서든 어렵다. 그건 인간이 인간에게 베푸는 값진 정이기 때문이다.

서서히 오르막이 시작됐다. 몸이 조금씩 지쳐갔다. 다람쥐는 날래게 나무를 타는데 몸은 레미콘트럭이다. 절벽에 기대선 소나무가 그만 채우라고 신호를 보냈다.

수렴동 계곡 쉼터에 앉았다. 이번에는 초콜릿과 오이가 등장했다. 산행 중에 먹는 오이 맛은 기가 막혔다. 오이는 먹고 초콜릿은 가방에 넣었다. 그제야 알아챘다. 산에서는 누구나 먼저 짐을 벗고 싶어 한다는 것을 말이다. 그러니 틈만 나면 가방을 여는 것이다. '저들은 나눔의 방식으로 자신을 비우기 위해 산에 왔구나!'라는 깨달음을 얻는 순간이다. 가까이 다가온 다람쥐가 두 손을 모아 쥐고 꼬리를 저으며 놀렸다. 돼지라고…….

몸은 땀으로 젖고 배는 풍만한데 산은 고요하고 깊다. 중복에 산을 오르니 무르익은 자연은 내 몫이다. 여름 산행은 무지하게 덥다고 생각하는지 인적이 드물었다. 백담사에서 봉정암까지 10.6킬로 산길은 곱고 순하다. 누구든지 골짜기를 타고 내리는 시원한 바람과 물소리의 참맛을 경험한다면 망설이지 않고 여름 산에 오를 것이다.

봉정암은 계절이 무색할 정도로 선선했다. 종무소에 들러 숙소를 배정받았다. 저녁 공양을 알리는 방송이 나왔다. 모두 벌떡 일어나 식당으로 갔다. 동글동글한 오이무침을 띄운 미역국밥을 한 그릇씩 받아들고 암자 마당에 앉아 먹었다. 별것 아닌 것 같은 미역국밥이 속세를 달랬다. 삼복에 입맛을 잃은 사람은, 어제의 무게에 눌려 내일을 두려워하는 사람은, 사람이 무서워 사람을 밀어내려고 발버둥을 치는 사람은 여름 한복판에 봉정암에 오를 일이다. 땀 흘리며 걷다 보면 입맛이 돌고, 묵혀 둔 서슬 퍼런 감정들이 슬며시 녹아내린다. 함께 먹고 웃으며 숲에 안겨 걷다 보면 되살아난 입맛 속에 살맛이 숨어 있을 수도 있다.

아득히 동해가 보이는 바위산으로 올라갔다. 수고한 해가 구름을 밟고 산을 넘어간다. 겹겹이 설악을 이룬 산과 하늘에 번지는 감빛 노을에 시선을 꽂으며 노을 같은 삶을 소망하였다. 밤하늘은 어둠을 지키는 파수꾼이다. 노을이 파수꾼에게 자리를 내주는 모습을 바라보며 바위산을 내려와 저녁 예불에 참례했다. 법당에서 백팔 배를 하느라 힘을 빼지 말고, 집에 가서 옆에 있는 사람이 부처라 여기라는 스님 말씀을 머리에 베고 잠이 들었다.

하산 길에 아침 햇살이 물속에 잠긴 계곡에서 걸음을 멈췄다. 전날 빛을 보지 못한 건빵이 등장했다. 그건 다람쥐들 차지이다. 동네 방송이 나갔는지 다람쥐들이 여기저기서 몰려들었다. 한 마리씩 등산복 주머니에 넣을 기세다. 먹이는 잽싸게 채 가면서 절대로 사람의 손을 허락하지 않는 다람쥐를 뒤로하고 신발을 고쳐 신었다. 수렴동 휴게소에 이르자 커피가 나왔다. 집에서 준비한 에스프레소에 암자에서 퍼 온 샘물을 섞으니 아이스아메리카노가 됐다. 그 맛을 어떻게 잊겠는가. 그것이 예술이라면, 먹을 것이 쉼 없이 나오고 주는 족족 잘 받아먹는 것은 마술에 가깝다.

백담사에 들러 경내를 둘러보고 셔틀버스를 탔다. 집에 도착해

짐을 정리했다. 엿과 초콜릿이 나왔다. 그걸 보며 다짐했다. 산에 갈 때는 물만 마시자고. 그렇지만 나누어 주는 정을 거절할 자신은 없었다.

맑은 수채화 한 폭씩을 그리려고 모여서 겹겹이 덧칠한 유화를 완성했다. 수채화면 어떻고 유화면 또 어떤가. 가끔 어긋나는 삶일지라도 그림 그리기에 도전하는 것은 삶에 대한 열정이고 사랑이다. 그림을 그리는 내내 눈과 귀와 입이 호강했다. 2018년 여름날에 먹으며 웃으며 땀 흘린 시간이 기억의 액자 속에 한 폭의 그림으로 남아 있다.

숨바꼭질 정원

부자가 되는 것은 어렵다.

누구나 부자가 되고 싶지만 그게 어디 간단한 일인가. 하지만 나는 쉬운 방법을 알고 있다. 달콤한 비밀이다. 공개해도 손해 볼 게 없으니 흔쾌히 밝혀 보겠다.

아침 식사를 마치고 커피를 내린다. 진한 커피를 보온병에 담아 자전거에 싣고 밖으로 나간다. 천천히 페달을 밟아 동네를 벗어나면 별천지가 열린다. 그곳에는 나를 부자로 만들어준 보물이 있다.

첫 번째 보물은 강원도 문화재자료 제59호인 초당동 고택이다. 허균·허난설헌 기념공원에 자리한 고즈넉한 집은 볼 때마다 마음이 차분해진다. 활짝 열린 솟을대문 앞에 서면 주인인 양 편안함이 밀려온다. 계절에 따라 피고 지는 벚꽃, 능소화, 배롱나무, 은행잎은 집에 멋스러움을 더해준다. 나는 누구에게 빼앗길 걱정 없는 고택을 나의 보물로 정했다. 무시로 찾아가 삶의 여유를 낚는다. 단번에 사백 년의 세월을 거슬러 올라 어린 초희를 만난다. 함께 뜰을 거닐며 뛰어난 시재와 풍부한 정감의 근원을 묻기도 한다.

공원에 있는 울창한 소나무 숲길은 걷기에 좋다. 자전거를 끌고 시적시적 발걸음을 옮기며 숲의 말에 귀를 기울인다. 청설모와 눈을 맞추고 긴 세월 숲 지킴이로 서 있는 소나무를 천천히 둘러본다. 그건 오랜 세월 꿋꿋이 살아온 것에게 예를 갖추는 일이다. 무엇이 다른 무엇을 지킨다는 것은 자신의 일부를 선뜻 내준다는 뜻과 같다. 세찬 바람과 뜨거운 햇볕을 함께 나눈다. 잠 못 이루는 밤, 비스듬히 기대서서 숲이 전하는 전설을 말없이 들어준다. 아침이 오면 내주는 만큼 성장한 자신을 나무는 느끼게 된다. 그렇게 서로를 품어 나무와 숲이 된 것이다.

숲과 작별하고 교산교에 오르면 재산 목록 2호인 경포호수가 나를 맞이한다. 하늘과 어우러진 환영의 춤사위로 호수의 가슴은 파란 하늘빛이 된다. 나의 인사는 호숫가를 신나게 달리는 것이다. 꽃과 풀은 어김없이 제자리에 피어 있다. 새의 날갯짓이 유연한 그곳은 늘 생동감이 넘친다. 주인을 열렬하게 응원하는 것 같아 발끝에 힘이 담긴다. 그러다 한두 번 숨 고르기를 한다. 멈춰 서서 자세를 낮추고 꽃과 풀을 들여다본다. 자연은 인간의 눈빛을 외면하지 않는다. 아무리 오래도록 그 앞에 멈추어 서서 말을 걸어도 거북한 기색이 없다. 새의 눈빛은 무심한 듯 인간을 향한다. 숲에서, 물 위에서, 하늘에서 작은 눈으로 섭섭지 않을 만큼 눈길을 보낸다. 자신의 이야기를 원 없이 풀어놓고 싶은 사람은 자연과 친해져야 한다. 자신을 바라보는 눈빛이 그리운 사람도 먼저 자연으로 달려가야 한다.

호수는 개나리, 수련, 비비추, 가시연, 쑥부쟁이, 감국, 소금쟁이, 황어, 가물치… 셀 수 없이 많은 생명을 품고 있다. 그중에 왜가리는 은근히 내 눈길을 사로잡는다. 나는 왜가리를 '고독한 사냥꾼'이라고 부른다. 미끈한 에스 라인 목덜미에 길게 내려뜨린 검정 댕기는 도도한 멋을 자아내는 왜가리의 상징이다. 홀로 서서 우아함을 뽐내지만, 고독이 짙어 애처로워 보일 때도 있다.

호숫가를 돌고 잔디 광장을 지나 나무 그네 앞에서 멈춘다. 아이처럼 그네를 타며 커피를 마신다. 커피에 흰 구름과 부드러운 바람이 섞인다. 호수 저편 경포대 정자가 손을 흔든다. 이웃한 방해정이 보내는 미소가 물결을 탄다. 물 위로 솟구쳤다가 철퍼덕 떨어지는 물고기는 음향전문가다. 힘차게 뛰어오르는 힘이 내 심장을 때린다. 월파정 은빛 바위는 호수의 배꼽이다. 자연에 젖고 과테말라 향에 취해 무아지경에 빠진다. 이마에 맺힌 땀방울이 식어갈 무렵 아이들 목소리가 들려온다.

"꼭꼭 숨어라 머리카락 보일라, 꼭꼭 숨어라 옷자락이 보일라."

숲속에 숨바꼭질하는 아이들 모양의 조형물이 있다. 그걸 감상하다 보면 내 안에 있던 가락이 저절로 튀어나온다. 소나무에 이마를 붙이고 술래가 된 꼬마가 있다. 어디에 숨어야 할지 몰라 그 자리에 멈춰 선 단발머리 소녀도 있다. 검정 고무신을 신고 바짓가랑이를 장딴지까지 걷어 올린 소년은 숲으로 달아난다. 먼 추억 속에 잠기게 하는 정겨운 모습이다. 나는 호수를 바라보기 좋고 아이들이 뛰노는 나무 그네 부근을 「숨바꼭질 정원」이라고 이름 지었다. 화려하거나 유명세가 따르지 않지만, 지베르니 정원에 비길 만큼 소중해서 재산 3호에 등록했다.

인상파 화가 모네는 기차를 타고 센강변에 있는 한적한 도시 지베르니를 지나다가 풍경에 반해 그곳에 정착했다고 한다. 집을 짓고 온갖 나무와 꽃을 심어 정원을 조성했다. 정원이 뿜어내는 빛과 색과 향기는 고스란히 캔버스에 옮겨져 예술이 되었다. 지금도 많은 여행객이 그곳을 찾는다. 어느 자연은 모네의 눈에 띄어 「지베르니의 정원」으로 다시 태어났다. 다른 자연은 내 눈에 들어 「숨바꼭질 정원」이 되었다. 모네는 자연에 솜씨를 더해서 행복했고, 나는 스스로 아름다운 자연에 반해서 즐겁다는 차이가 있을 뿐이다. 이렇게 자연과 사람은 특별한 인연으로 기대고 산다.

자연은 보고 즐기는 자의 몫이다. 나는 숲과 호수에 안겨 고단함을 내려놓는다. 커피를 마시며 헝클어진 일상을 정리하고 시끄러운 속을 달랜다. 멈춘 듯 살아 움직이는 자연의 방법을 배워 내일로 달려갈 힘을 얻는다. 집으로 돌아오는 길에 힘차게 다리를 저으며 허공에 대고 자랑을 했다. 고택과 호수와 공원을 내 것으로 만든 나는 엄청난 부자라고.

나만의 달콤한 비밀은 여기까지다.
부자가 되기는 참 쉽다.

어느 봄날의 일기

먼 산에 아직 눈이 덮여 있다. 3월 중순인데 마음은 하얀 산같이 겨울 가녘을 서성거린다. 봄비가 유성처럼 날아와 유리창에 몸을 비빈다. 며칠 전 산책길에 노란색 산수유꽃을 만났었다. 그날 집에 돌아와 겨울 점퍼를 빨아 옷장에 넣어 두었다. 오늘 그 옷을 다시 꺼내 입고 집을 나섰다. 아파트 화단과 보도블록에는 빗물이 질펀하게 배어들어 짙은 흑색이 되었다. 우수가 지났건만, 나무는 아직 무덤덤하다. 속으로 싹을 틔우느라 무척 애쓸 것이다. 늘 한자리에 서 있는 나무를 보면 마음이 놓인다. 나무는 방황을 잠재우는 사유의 이정표다. 가슴속에 나무 한 그루씩 자란다면 아무리 강한 태풍이 불어도 중심을 잃는 일은 없을 것이다. 눈에 익은 가로수 길을 따라 낯선 거리를 배회하는 나그네처럼 발길을 옮겼다. 다시 꺼내 입은 옷이 무겁게 느껴졌다.

신종 바이러스에 매몰된 시간이 두 달째 묵묵히 흘러간다. 텔레비전은 정체 모를 병원체에 대하여 종일 떠든다. 공포와 비방과 책임을 쏟아 내며, 온갖 수치로 시청자를 긴장시킨다. 보이지 않는 그것보다 뉴스 아나운서의 날 선 목소리가 더 무섭다. 토론 시간에 열띤 논쟁을 이어가는 패널들은 공포심 만들기 대회에 나온 선수처럼 보인다.

소중하게 보관해 두었던 마스크를 썼다. 한적한 산책길엔 필요 없는 물건이나 혹시 스치게 될 타인을 위한 배려인 셈이다. 우산을 쥔 손에 서글픈 냉기가 스쳤다. 오늘은 호수까지 나가자고 마음이 속삭였다. 여러 날 움츠렸던 몸을 곧게 펴는 것으로 대답을 대신했다. 먼저 공원에 들렀다. 공원에는 인적이 없었다. 선명한 주차선만이 넓은 주차장을 지키고 있다. 마스크를 벗어 주머니에 넣었다. 기와를 얹은 담장 화단에 홍매화가 피어 있다. 방긋 웃는 매화꽃을 눈에 담고 발길을 옮겼다. 촉촉한 봄기운을 한껏 마시며 흙길을 걸었다. 공원에 가득 찬 소나무는 여전히 늠름했다. 숲에 들어선 나에게 일제히 시선을 보내는 것 같아 황홀감을 느꼈다. 소나무의 당당함과 푸르름이 쏟아져 가슴에 잠겼다.

홍매화를 만나고 소나무 숲을 지나 호숫가에 다다랐다. 호수에는 오리가 떼를 지어 헤엄쳐 다니고 벚나무 가지마다 물방울이 맺혀 있었다. 머지않아 나뭇가지는 영롱한 꽃망울을 터뜨릴 것이다. 하얀 꽃잎이 파란 하늘을 가리고, 봄노래는 나풀대는 나비가 될 것이다. 자연의 숭고한 삶은 물, 햇빛, 바람, 고요한 움직임으로 가득 차 있다. 더불어 사는 인간이 자연스러움을 추구하는 것은 미덕이다. 그것은 인간이 닮고자 하는 궁극의 가치이기도 하다. 비가 내려서 그런지 산책로는 텅 비어 있었다. 쉼터 운동 기구에는 파리 한 마리 얼씬거리지 않았다. 길을 헤매다 출입 금지 구역에 들어가 덩그러니 서 있는 외톨이가 된 것 같았다.

눈에 띄지 않고 냄새도 없다. 몸 안에 들어와도 얼마간 기척도 하지 않는 바이러스가 지구촌을 뒤흔들고 있다. 그것과 싸워 이기기 위해 이미 큰 노력을 기울였지만, 전문가의 견해는 어둡다. 보이지 않는 적 앞에서 보이는 사람이 서로 경계한다. 비행기는 날개를 접었다. 많은 배가 항구에 닻을 내렸고, 거침없이 국경을 넘나들던 기차도 레일 위에 멈춰 섰다. 공장은 문을 닫고 도시의 빌딩도 조명을 껐다. 학교, 놀이터, 시장은 정지 화면이 되고 말았다. 모두 집에 갇혀 수시로 등장하는 붉은색 속보를 보며 떨고 있다. 영화에서나 봤던 공포가 스크린을 박차고 나와 무차별 공격을 휘두르는 현실 앞에서, 세상은 혼란의 소용돌이에 빠져버렸다. 그 끝이 어딘지 아무도 가늠하지 못한다.

카뮈는 소설 『페스트』에서 전염병보다 더 무서운 건 불안과 공포라고 했다. 폐쇄된 도시인 오랑에 갇힌 사람들의 불안한 심정이 현실을 얼마나 왜곡할 수 있는지 소설의 한 구절을 보면 알 수 있다. '자기 자신들의 현상에 진저리가 나고, 과거와도 원수가 되고, 미래마저 박탈당한 우리는 마치 인간적인 정의나 증

오 때문에 철창 속에 갇힌 신세가 되어 버린 사람들과 같았다.'

전 세계가 코로나19의 어두운 터널 속으로 점점 빨려 들어가는 듯한 분위기다. 우리도 오랑의 그들처럼 진저리치고, 인간적인 적대감으로 서로를 옥죄는 비극을 초래할 수 있겠다는 두려움이 슬며시 고개를 든다.

지금은 봄을 맞느라 분주해야 할 계절이다. 여기저기서 와글거리는 꽃을 따라 벌처럼 윙윙거려야 정상인 때다. 봄을 피워 낸 자연에 감사하는 방법은 그것을 만끽하는 것이다. 그러나 우리는 너나없이 가구처럼 집에 눌러앉아 텔레비전과 핸드폰이 전하는 온갖 숫자의 노예로 전락했다. 서로 경계 대상이 되어 멀어진다. 눈앞에 점점 두꺼운 벽을 쌓고 비틀거린다.

넘어지지 않으려면 속도를 줄여야 한다. 느린 걸음으로 호흡을 가다듬자. 덕분에 하늘과 바다와 땅은 인간의 발길에서 벗어나, 새벽 같은 정적 속에서 휴식을 취하지 않을까? 오염된 공기를 정화하고 짓이겨진 상처를 치유할 것이다. 인간이 이겨내려고 몸부림치는 동안 자연은 같은 이유로 숨을 고른 다음, 활기찬 모습으로 우리를 맞아 주지 않겠는가. 그래도 봄인데, 가슴을 펴고 오는 계절을 마음으로나마 즐겨야 한다.

2020년 3월 한가운데 서서 밝은 내일을 소망했다.

어이재에 부는 바람

새의 비행은 질서정연하다. 창밖을 보다 보면 새들이 일직선으로 하늘을 가르는 장면을 만날 때가 있다. 어림잡아 10여 마리가 가지런하게 열을 맞춰 날아간다. 북에서 남으로, 그 반대 방향일 때도 있다. 늘 유리창 위쪽 50센티 정도 폭을 지나가는 것으로 보아 새는 허공을 함부로 헤집지 않으려 애쓰는 것 같다. 비행기가 제 길을 따라 날고, 바다에 뱃길이 있듯이 하늘은 정해진 곳에 새의 길을 마련했나 보다. 이렇듯 자연과 인간은 질서 속에서 유연하게 흘러간다.

내친김에 바람의 길로 들어선다. 자신의 존재를 선명하게 각인시키는 것은 봄에 부는 광풍이다. 높은 산을 넘어 동쪽으로 내달리는 동안 늦잠에 취한 겨울을 들쑤신다. 겨울이 항복하는 사이 봄은 분주히 자리를 잡는다. 미친 바람은 서둘러 판을 펼치도록 봄의 뒤를 봐주는 폭력배 같다. 창틀 사이로 비집고 들어오는 소리만으로 오금이 저리게 한다. 오죽하면 형체도 없는 그것을 폭력배에 비유했을까. 바람은 응고된 고독을 독백으로 된 정으로 쪼아 낼 때나 들을 수 있는 비명을 질러댄다. 비명은 리듬을 타며 틈새를 비집고 들기 위해 힘을 모은다.

리듬을 타는 바람의 세기를 1에서 9까지 숫자로 표현해 본다. 112344455999221. 바람의 율동은 마치 엑스레이 촬영을 하는 것처럼 일정한 루틴을 따른다. 촬영실 기사는 선명한 가슴 사진을 찍기 위해 말한다. 숨 들이마시고, 숨 참으시고, 숨 쉬세요. 집채만 한 괴물이 숨을 깊이 마셨다가 더는 참을 수 없어 몸부림치며 내뱉듯, 바람은 멈춤과 뱉어냄을 반복하며 흔들 수 있는 모든 것을 제멋대로 쥐흔든다. 산고를 닮은 비명과 흔들림 속에서 봄은 태어난다.

바람 소리가 집 안을 휘젓고 다닐 때면 내 눈은 유리창 밖 숲으로 향한다. 숲 언저리에 있는 초등학교에 걸린 태극기의 몸부림이 애처롭고, 운동장에 비질이 이어지면 그날 바람은 대장급이다. 운동장 가장자리에 있는 키 큰 벚나무 정수리에서 시작된다. 소용돌이치듯이 주변을 흔들고 여세를 몰아 교문 쪽으로 향한다. 하교하는 개구쟁이들의 신나는 발길질처럼 학교를 둘러싼 나무를 건들며 지나간다. 이윽고 학교 앞 아파트 부근에서 시야를 벗어난다. 나는 무형의 바람이 존재감을 드러내는 신비에 넋을 놓는다. 계곡을 통과하는 급류같이 거칠게 이어지는 바람의 발자국이 보인다. 그것은 바람길이다.

발자국은 어이재에 닿는다. 재는 경포고등학교와 한국전력공사 사이에서 초당으로 넘어가는 고갯길이다. 어이재 전설은 김기설의 『강릉지역지명유래』에 기록되어 있다. 그 내용을 간단히 옮겨 본다.

도시 안에 살던 사람들은 사람이 죽으면 도시 밖에 장지를 정했다. 상여를 메고 재를 넘으려고 하면 너무 높아 상여가 잘 움직이지 않았다. 상주나 상군들이 '어이, 어이' 하면서 곡만 하고 그곳을 넘지 못한 적도 있었다. '어찌 상여가 넘을 수 있겠느냐'라는 뜻에서 '어이 넘을 재'라 했다가, 줄여서 '어이재'로 불렀다 한다. 다른 하나는 고기 장수 이야기다. 바닷가에 사는 고기 장수가 고기를 팔려고 도시로 가는 중에 이 고갯길을 넘다가 숨을 거두었다. '어찌 이 고개를 넘지 못하고 죽었느냐'라며 가족들이 슬피 울었다고 하여 생긴 이름이라고도 한다.

상여가 넘지 못하고, 고기 장수가 목숨을 잃었다는 전설만으로도 만만찮은 길이었겠구나 싶다. 인구가 늘고 도시가 팽창함에 따라 재는 넓고 낮은 마을 뒷길이 되었다. 나는 가끔 자전거를 타고 그 길을 가볍게 넘는다. 세월 속에서 재는 존재감 없이 밋밋해졌지만, 바람은 여전히 그곳을 향한다.

바람길에 들어선 건물은 필연적으로 바람과 마주한다. 집을 지을 때 바람길은 아무런 힘을 발휘하지 못한 것 같다. 어이재 부근에 세워진 내 집은 바람길을 막은 셈이다. 길을 열라고 비명을 지르며 유리창을 흔들어대는 리드미컬한 호흡이 밤을 깨우는 날이 있다. 그런 밤에는 잠의 안락을 송두리째 내놓아야 한다. 잠을 버린 나는 바람의 꼬리잡기 놀이에 빠진다. 괴물 같은 바람이 숨을 마시고, 멈추고, 뱉기를 하며 밤을 뜯다가 뱉기에서 순환이 정지되는 때가 있다. 나는 그 순간을 바람의 꼬리라고 부른다. 꼬리를 잡고 나면 흔들림과 비명은 사라지고 세상은 고요 속에 잠긴다. 바람의 꼬리를 잡아 본 사람은 바람의 폭력성을 크게 두려워하지 않게 된다. 그것은 끝에 대한 믿음이고 끝에 대한 믿음은 버티기를 응원하기 때문이다.

인생의 길목에도 곳곳에 바람 주머니가 숨겨져 있다. 가난에 대항하여 가족 모두가 분투했던 유년 시절의 그것은 애틋한 추억을 남겼다. 직업인으로서 소신을 지켜내느라 열정을 불태우며 견뎠던 것은 후회 없는 어제를 선물했다. 아픈 아이를 안고 한밤에 응급실로 달려가게 한 바람 주머니가 남긴 의미는 뜨겁고 진하다.

돌아보면 삶의 여정 곳곳에 몽둥이를 들고 겁박을 일삼았던 바람만 있었던 건 아니다. 코끝을 간질이며 꽃향기를 뿌리고 간 적도 있다. 사랑과 행복을 심어준 때도 있다. 뜨거운 눈물을 쏟게 한 감동을 몰고 온 걸 잊는 건 예의가 아니다. 일상에서 선하고 향기로웠던 바람의 흔적을 간직하는 것은 마음의 정원에 꽃을 피우는 일이다.

모든 바람에는 꼬리가 있다. 꼬리는 끝을 의미한다. 끝이 안 보이는 터널에 서 본 사람은 안다. 어둠에 갇힌 절망이 얼마나 피 말리게 하는지 말이다. 하지만 끝에 대한 믿음을 간직한다면 머지않아 출구를 만날 것이다.

날아가는 새가 어이재 쪽으로 사라진다. 공중에서 널리 자유로운 새도 바람의 길을 타는 게 아닐까. 창을 흔들고 비명을 터트리는 봄바람을 맞으며 인생의 바람도 자연의 것과 흡사하다고 생각했다.

끝이 보이지 않는 일은 절망을 부르지만, 세상에 끝이 없는 일이 어디에 있는가.

언제나 그곳에

호수를 찾는 여행객은 대부분 '강릉 3.1운동 기념공원' 주차장에다 차를 세운다. 공원이 있는 곳은 호수 서편 끝이다. 공원에는 나무로 만든 벤치가 여럿 있다. 경포호수를 바라보기 좋은 곳이다. 거기 앉아 잔물결과 불쑥 뛰어오르는 물고기에 빠지면 발목이 잡힐 수도 있다.

나는 그곳까지 자주 산책하러 나간다. 걷다 보면 누군가가 놀라며 하는 말을 들을 때가 있다. 그는 뭔가의 부재를 맨 먼저 알아챈 척후병같이 호수 쪽을 향하여 의문을 던진다.

"정자가 없어졌어! 저기쯤에 분명히 있었는데."

호수 가운데 있던 것이 사라졌다고 아쉬워한다. 마치 고향이 자기 허락 없이 떠나버린 듯한 표정으로 두리번거린다. 여행자의 성급한 의문이 서운하여 나는 발걸음을 멈춘다. 다가가 손끝으로 그가 찾는 것을 가리킨다.

정자는 한 동갑계에서 1958년에 세웠다고 한다. 달빛이 물결에 흔들리는 모습을 비유해서 '월파정(月波亭)'이라 이름을 지었다. 이름만으로도 물 위에 일렁이는 달빛이 그려진다. 바위에 앉아 달빛을 바라보는 정자의 기품이 느껴진다. 여행자의 눈에 사라진 것은 늘 호수 안에 솟은 새바위 위에 있다. 새바위는 새들에게 사철 곁을 내주는 안식처이다. 서편 호숫가에 서면 그곳까지 아득하여 나그네의 눈에 잘 들어오지 않는 것이다. 바위에는 '조암(鳥岩)'이라는 글자가 새겨져 있는데, 조선 숙종 때 송시열이 쓴 것이라 전해진다. 새와 바위와 정자는 물과 어우러져 온전한 자연으로 세월을 건넌다.

뭔가가 없어졌다는 말은 그게 무엇인지 몰라도 공허함을 느끼게 한다. 끝까지 인간의 의지처가 되어야 할 자연이 부재의 대상일 때는 더욱 그렇다. 공허함은 작은 인간을 더 작게 만든다.

어느 날 월파정을 바라보는 사람의 시선에 대한 호기심이 일었다. 자전거에 커피가 담긴 텀블러를 싣고 호숫가로 나갔다. 대단한 프로젝트를 펼치는 팀원이라도 된 듯 페달 밟는 발에 힘이 들어갔다.

먼저 여행자를 혼란스럽게 하는 서쪽으로 갔다. 자전거를 세우고 주변을 둘러보았다. '사공의 노래' 비가 세워진 곳이 그중 나았다. 노래비 앞 11시 방향에 정자가 있다. 해안가에 들어찬 소나무와 하늘을 뭉텅이로 잘라먹은 호텔이 눈길을 가로챘다. 그러니 정작 찾고자 하는 것은 눈에 잘 띄지 않는다. 좀 더 가까이서 보려고 호수 북쪽 언저리를 달렸다. 시간에 쫓기거나 내키지 않아도 한번 걸어 보라고 여행자에게 권하고 싶은 길이다. 호수에 안긴 하늘의 휴식이 온몸에 전해질 것이다. 그건 어질러진 일상을 잊으라고 산책이 주는 선물이다.

해변으로 들어가는 길목에 도착했다. 거기서 보이는 바위는 생각보다 크고 당당한 모습이었다. 새바위는 여러 개의 새끼를 거느리고 있다. 바위섬이라 부르고 싶을 정도다. 긴 세월 갖은 풍파를 견뎌냈을 바위는 하나같이 둥글둥글 순하게 생겼다. 바위섬이 흔들리는 물의 손을 잡아 준 덕에 호수는 호수다움을 간직한 게 아닌가 싶었다. 날개 접은 새들은 잔치에 초대받은 하객처럼 바위섬에 빼곡하다. 사람의 발길이 끊겨야 자연은 오롯이 평온해진다는 생각을 하며 그곳을 떠났다.

자전거를 타다 거기쯤에서 나그네를 만나면, 내친김에 호수 주변을 조금 더 돌아보라고 부추기고 싶어진다. 코끝에 감기는 바다 향과 소나무 숲을 넘는 파도 소리를 놓치는 건 아쉬운 일이기 때문이다. 동쪽 호숫가에 쉼터가 있다. 그곳에서 보는 새바위는 풍선처럼 둥근 모습이다. 바위에 가려진 월파정은 지붕만 보인다. 거기야말로 자연의 솜씨를 감상하기 좋은 곳이다. 도시를 에워싼 산, 하늘의 구름, 구름을 담은 호수, 호수 가운데 월파정, 월파정에 내려앉은 새가 화폭에 모두 들어온 그림이다.

다시 페달을 밟는다. 바위섬을 감상할 마지막 장소로 향한다.

내가 다리를 흔들며 나무 그네를 타는 곳이다. 그네에 앉아 바람에 땀을 씻으며 커피를 마신다. 신 듯 달콤한 쓴맛이 목을 넘는 동안 또 다른 그림에 넋을 빼앗긴다. 화가는 키 큰 소나무를 그림에 넣었다. 대단한 솜씨에 박수를 보낸다. 호수 서쪽에서 출발해 시계방향으로 한 바퀴 달리는 동안에 바위도 따라 움직였다. 정자 뒤에 섰다가 왼쪽으로 옮겨 앉았다. 다시 당당한 모습으로 정자를 가렸다. 마지막에는 그것을 지키는 무사처럼 섬 오른쪽에서 있다.

남쪽 호숫가 그네에 앉아 부재와 진실과 믿음에 관한 생각에 젖는다. 믿음은 가끔 흔들리는 물결이 된다. 흔들리는 믿음은 눈을 흐리게 하고 귀를 먹게도 한다. 놀란 눈과 귀는 다급하게 소리치게 만든다. 없어졌다고. 진실은 가끔 안개 속에 숨는다. 휘몰아치는 비바람으로 실체를 감춘다. 칠흑 같은 어둠 속에 몸을 던질 때도 있다. 그러나 언제나 있어야 할 그곳에 본래의 모습으로 존재한다. 그건 바위 같은 진실이 지닌 위대함이다. 그것에 대한 믿음을 간직하고 산다면 삶은 어떠한 격정을 마주해도 의연할 수 있지 않겠는가.

여행객들은 고향 뒷산을 찾는 마음으로 경포호수에 오면 좋겠다. 산이 항상 제자리를 지키는 것과 같이 정자는 언제나 그곳에 있으니까.

물 위를 걷노라면

물 위를 걷노라면 몇몇 금지된 것을 허용하고 싶어진다.

낚시와 폭죽 사용을 금하는 표지판을 보고도 못 본 것으로 묻어 둘 수 있다. 모래사장에 꽂혀 있는 'ㄱㅏㅇㅁㅜㄴ' 이라고 풀어 쓴 글 앞에서 사지가 찢기는 듯한 통증을 느끼던 기억조차 아문다.

솟대다리를 건너면 물 위를 걷는 것 같은 기분이 든다. 다리는 부드럽게 휘어져 물과 물을 품는다. 쉬지 않고 달려온 바닷물을 경포호수로 이끈다. 호수는 쉼터를 내주고 바다 이야기에 귀를 기울인다. 휴식을 마친 물은 호수의 사연을 가슴에 안고 솟대다리 아래로 흘러간다. 다리는 먼 바다로 나가는 물을 배웅한다.

경포해변과 강문해변을 양손에 잡은 솟대다리는 거인의

어깨를 닮았다. 어쩌면 그곳에 오는 사람들은 거인의 어깨 위에서 한판 바다의 춤을 출 수도 있겠다. 그런 날 누구라도 파도가 된다면 솟구치는 흥을 어찌 잠재울 수 있을까.

솟대다리 바로 앞에는 강문교가 있다. 강문(江門)은 '강이 흐르는 입구'라는 뜻이다. 다리 위에서 다리를 바라보는 것은 화가의 놀이와 같다. 화폭에 그림을 그리는 자신의 모습을 그려 넣는 화가의 장난기 말이다. 솟대다리에 서서 강문교를 마주하면 그림 속 그림을 보는 듯한 묘한 입체감에 빠지게 된다.

송강 정철의 『관동별곡』에는 '강문교 넘은 곁에 대양이 거기로다'라는 구절이 있다. 강문교가 경포호수 물이 빠져나가는 출구라고도 했다. 그렇다면 솟대다리는 긴 여행을 마친 고단한 바닷물을 불러들이는 입구라 해도 되겠다. 이렇듯 다리는 나아가는 것과 들어오는 걸 이어준다. 같은 색 다른 이름의 해변은 다리와 서로 맞닿아 한 몸을 이룬다. 나란히 서 있는 강문교와 솟대다리 밑에는 쉼 없이 물결이 찰랑거린다. 찰랑이는 물결은 할아버지와 손자가 주고받는 눈빛처럼 보인다.

원래 솟대는 풍년을 기원하기 위해 볍씨를 담은 주머니를 장대 끝에 매달아 마을 앞에 세워둔 것이라 한다. 장대 끝에 나무로 만든 새를 올려서 액이나 잡귀를 막으려는 민간 신앙의 상징물로 쓰기도 했다.

가끔 출구를 찾지 못한 내 안의 것을 짊어지고 물 위를 걷는다. 잠들지 못하는 고독과 소용돌이치는 그리움이 따라온다. 삶의 길목에서 어설프게 쓸어 담은 갈등이 옷자락을 잡는다. 소용없는 후회가 걸음걸음 발자국에 담기기도 한다.

물 위에 떠 있는 솟대다리에서 짊어진 것들을 내려놓는다. 가슴속에 솟대 하나 세우고 한 줌 볍씨와 나무로 깎은 새를 매단다.

누군가 터트린 폭죽이 밤바다를 수놓는다. 밤하늘에 퍼지는 불꽃은 보는 이에게 응원으로 다가온다. 물 위를 걷노라면 금지된 것들이 보내는 응원 덕분에 출구를 찾기도 한다.

길모퉁이에서 도란도란

길모퉁이에 접어들면 도란거리는 불빛이 보인다. 기와집 처마 밑에 매달린 알전구는 간만에 고향에 모인 자식들 같다. 기역 자 집은 스무 평 남짓한 마당을 품었다. 마당에는 키 큰 감나무가 아버지처럼 서 있다. 벽의 절반을 차지한 대형 유리창은 시원하게 속을 드러낸다. 나는 그 앞을 지날 때마다 집의 속내에 이끌려 불빛에 눈인사를 건넨다.

집은 내가 즐겨 다니는 산책로 초입에 있다. 지금 상태로 수리하기 전에는 사람이 살고 있나 싶을 정도로 곳곳이 낡고 허름했었다. 마당과 안방을 연결하는 격자 창호지 문에 녹슨 자물쇠가 매달려 있는 날이 많았다. 이따금 보이는 주인은 등이 굽은 할머니였다. 어둑발이 내릴 즈음, 마당을 치우는 할머니의 느린 걸음은 굴뚝에서 흐릿하게 피어오르는 연기와 퍽 어울렸다.

이태 전, 늦은 봄부터 리모델링에 들어갔다. 집은 뼈대만 남기고 모두 헐렸다. 당시 앙상하게 속을 드러낸 집이 어떻게 변할는지가 떠나버린 옛 주인의 근황만큼이나 궁금했다.

칠십 대 중반쯤으로 가늠되는 할아버지가 현장 감독 같았다. 할아버지는 귓등에 연필을 꽂은 채 설계도를 펼쳐 놓고 인부들과 이야기를 나눴다. 마당 한가운데에 넓고 든든하게 생긴 나무 지지대를 세웠다. 산책길에 지지대 위에서 펼치는 톱질이나 대패질을 보면 가슴이 뛰었다. 흑백텔레비전을 보는 것 같았다.

할아버지들이 집을 고치는 속도는 느렸다. 나무를 필요한 크기로 잘라 기초를 보강했다. 마당 한쪽에 쌓아 둔 작은 벽돌을 일일이 옮겨 벽을 쌓고 미장 칼로 매끈하게 마무리를 했다. 작업장은 늘 고즈넉한 분위기였다. 궁금한 마음에 공사 기간 내내 평소보다 더 자주 산책을 나갔다.

손으로 하나하나 깎고, 다듬고, 붙였다. 그래서인지 생각보다 공사 기간은 길었다. 봄부터 시작된 집 고치기는 가을에 끝이 났다. 아담한 기와집이 원형을 유지한 채 새로 태어났다. 밖에서도 대들보의 나뭇결이 보였고 은은한 색감을 느낄 수 있었다. 곡선이 살아있는 서까래도 고왔다. 산책길에 색다른 흥미를 안겨 준 집짓기 덕분에 그해 여름은 사붓사붓 지나갔다.

할아버지들이 떠난 뒤 내부 작업이 진행됐다. 4인용 테이블이 여러 개 놓였고 조명등이 달렸다. 주방에는 검은색 유니폼을 입은 요리사들이 바삐 움직였다. 집은 포근함이 묻어나는 음식점으로 재탄생했다.

맛있는 음식과 아늑한 분위기 때문인지 사람들의 발길이 이어진다. 음식을 놓고 앉아 이야기하는 모습은 아름답다. 하마터면 사라질 뻔했던 집이다. 사람을 불러 모으는 공간이 되는 과정을 지켜본 나는 그곳이 귀하게 여겨진다. 어쩌면 자리를 지키는 집이 선물한 안도감일 수도 있겠다.

그 앞을 지날 때는 할아버지 귓등에 꽂힌 연필이 떠오른다. 땀을 흘리며 대패질하던 모습과 그늘에 앉아 막걸리잔을 기울이던 장면도 생생하다. 쓰러져 가는 집에 생명을 불어넣던 장인의 솜씨를 어떻게 잊을 수 있겠는가.

일상에서 얻은 한 조각의 기억으로 나의 산책길은 행복하다. 길모퉁이에는 사람이 모이는 집이 있고, 집 안에는 정다운 이야기가 샘솟는다. 맛있는 음식 냄새가 집 밖으로 풍겨 나온다. 나는 길 위에 있다. 유리창 안쪽에 있는 사람들에 대하여 아무것도 모른다. 그들이 어디서 왔고 무엇을 이야기하는지도. 다만 마당에 바투 붙은 산책로를 스쳐 지나갈 뿐이다. 하지만 집과 나무, 마당과 사람의 어울림을 보면 아우라가 느껴진다. 오랜 세월 집을 지켜 온 대들보가 간직한 기록과 앞으로 이어질 수많은 이야기를 생각하면 더욱 그렇다.

그곳은 산책길에 나선 사람들을 위해 길모퉁이가 마련한 작은 미술관이라는 생각을 한 적이 있다. 나는 어둠이 내려앉은 기와

집의 감색 조명 아래서 도란거리는 사람들을 한 폭의 그림으로 눈에 담는다. 그림을 기억 창고에 간직한 고흐의 「밤의 카페테라스」 옆에 가지런히 세워둔다. 두 그림의 공통점은 어두운 밤과 따뜻한 불빛과 사람이 있다는 것이다. 그중에서도 으뜸은 단연 사람이다. 사람의 모습을 찾을 수 없는 집, 그런 그림은 어딘가 모르게 허전함을 느끼게 한다. 인적이 끊긴 집은 집이 아니기 때문이다.

길모퉁이 기와집에는 오늘도 사람들의 발길이 이어질 것이다. 유리창 밖에서 그들에게 따뜻한 인사를 건네려고 나는 밖으로 나간다.

소방관의 기도

산이 내뱉는 신음이 호숫가에 닿아 있었다. 숯으로 드러누운 나무는 허허로웠다. 삶과 죽음이 겹쳐있는 몸에는 진물이 흘러내렸다. 숲 곳곳은 처참했다. 자전거로 달려보지만 매캐한 냄새를 피할 수 없었다. 이틀 전 호수 주변은 온통 불바다였다. 숲을 자랑하는 도시가 공포에 질렸었다. 화재 현장을 마주한 나는 마음이 뒤숭숭했다. 핸들을 잡은 손에 땀이 배고 페달에 놓인 발은 자주 미끄러졌다.

추모비에 들렀다. 비는 2017년 '석란정 화재'를 진압하다가 순직한 소방관의 넋을 기리기 위해 세운 것이다. 잔불 정리 중 정자가 무너졌다. 29년 경력의 이영욱 소방위와 임용 8개월 된 이호현 소방교는 현장을 빠져나오지 못했다. 석란정 자리에 세운 추모비 동판에는 '소방관의

기도'가 새겨져 있다. 화염 속에서 생명을 구할 힘을 갈구했다. 너무 늦기 전에 도움을 청하는 외침을 듣게 해달라는 기원이 담겼다. 목숨을 잃게 되면 가족을 돌봐 달라고 했다.

나는 기도가 하늘에 닿기를 빌었다. 두 분 소방관에게 인사를 올렸다. 문득 그들의 기도가 기적을 부른 게 아닌가 하는 생각이 들었다. 4월 소나기가 걷잡을 수 없이 번지던 산불을 단박에 제압하는 일은 기적이기 때문이다.

강풍이 부는 날 사람이 할 수 있는 일은 많지 않다. 동쪽으로 내달리는 바람의 위협에 맞설 장사가 어디 있겠는가. 언제부턴가 동해안 상징인 봄눈과 진눈깨비가 자취를 감추었다. 때문인지 거의 해마다 대형 산불이 일어난다. 메마른 산과 들에 불씨가 일면 감당하기 어려운 재난이 되고 만다.

새벽부터 센 바람이 불었다. 솔숲을 뒤흔들고 베란다 유리창으로 쉼 없이 돌진했다. 학생들이 등교를 서두르는 때쯤 불이 났다. 삽시간에 번져 주민 대피령이 내렸다. 나는 밖을 내다보았다. 검은 연기가 들어찬 바다 모습이 현실 같지 않았다. 바닷가 호텔은 시커먼 연기에 찍은 하얀색 마침표처럼 보였다. 텔레비전에서 긴급 재난 방송이 나왔다. 불은 사방으로 번져나가 숲과 민가를 덮쳤다. 해안가에 즐비한 펜션과 카페에 옮겨붙었다. 소방 헬기는 강풍에 발목이 잡혔다. 소방관들은 연신 물을 뿌려보지만 미친 바람을 당해내지 못했다. 사람들이 진화 요원 손은 잡고 불타는 집에서 빠져나오는 장면은 보기만 해도 조마조마하였다.

멀리 있는 가족과 지인들이 안부 전화를 걸어왔다. 고속도로를 달리는 소방차 행렬을 찍은 사진을 보내 준 이도 있었다. 강릉으로 향하는 다른 지역 불자동차들이다. 가슴이 찡했다. 온라인상에서 기우제를 올리는 사람들도 있었다.

'자연이 봄을 낳을 때는 마치 산모가 이불을 쥐어뜯듯 온 산을 발기발기 찢어놓곤 한다.' 포리스트 카터의 『내 영혼이 따뜻했던 날들』에 나오는 구절이다. 봄의 중턱에서 태풍 같은 바람을 맞는 건 힘겨운 일이다. 더 엄청난 건 그 바람이 몰고 다니는 불길을 감당하는 것이다. 산불의 횡포에 맞닥뜨렸을 때 생각했다. 산을 발기발기 찢는 일이나, 산을 잿더미로 만드는 일이 봄을 낳는 일일까. 자연에 기댄 사람에게 상처를 주는 것 또한 자연의 영혼이 한 짓일까. 인간은 계절을 만나기 위해 어느 만큼 고통을 참아야 하는가. 자연은 인간에게 얼마나 더 황홀한 봄을 가져다주려고 저토록 냉혹하고 모질어지는가. 나는 온갖 상념에 젖어 집 안을 서성였다.

바람의 기세가 누그러지는 게 느껴졌다. 서쪽 하늘은 잿빛을 드리웠다. 번개가 치고 천둥이 우르릉거렸다. 창에 닿은 빗방울이 빗금을 그었다. 나는 빗금을 황금인 듯이 조심스럽게 셌다. 다섯 개, 열 개, 갑자기 빗금은 유리를 타고 흘러내리는 물줄기로 변했다. 십여 분 정도 세차게 소나기가 퍼부었다. 하늘에서 커다란 물동이에 담긴 물을 한꺼번에 확 끼얹는 듯했다. 불은 여덟 시간 만에 잦아들었다. 불이 꺼지고 바다 위에 무지개가 나타났다. 영화 같은 하루를 보냈다.

자전거를 타고 집을 나설 때는 마음이 착잡했었다. 불바람에 시달린 풍경이 어떻게 변했을지 궁금하면서 두려웠다. 호수에 다다랐을 때 본 광경은 말로 다 표현하기 어려웠다. 검붉은색으로 변한 소나무 숲이 북쪽 호수를 에워쌌다. 숲은 두 계절을 건너 늦가을에 접어든 모습이었다. 큰 붓으로 먹물을 찍어 뿌린 듯이 숲 곳곳이 검었다.

삶은 언제 어디서나 가혹이라는 생각을 했다. 무너지게 하는 것도, 다시 일어서게 하는 것도 가혹이다. 상처가 아물기까지 오랜 시간이 걸릴 것이다. 그러나 인간에게는 가혹한 용기가 있으므로 일상의 더 많은 날은 순조롭다. 부디 신의 은총으로 가족을 돌봐 달라는 간절함이 깃든 '소방관의 기도' 마지막 부분을 되뇌며 집으로 돌아왔다.

여기는 강릉역입니다

먼 길 달려온 기차는 종점을 눈앞에 두고 지하로 들어간다.

아이의 눈을 가리고 생일 선물 있는 곳까지 데리고 가듯 기차는 도심 속을 지나 역에 들어선다. KTX를 타고 종착역까지 온 사람은 강릉이 준비한 선물을 기대해도 된다.

기차가 레일 위를 미끄러지는 동안 승객들은 무슨 생각을 했을까. 푸른 바다 위에 하얗게 부서지는 파도를 떠올렸을까. 담백한 순두부와 얼큰한 장칼국수 생각에 입안에 침이 고이기도 했겠다. 눈을 감고 커피 향과 어우러진 갈매기 춤을 그려 보진 않았는지.

기차에서 내려 역사에 들어서면 넓고 세련된 공간이 눈길을 사로잡는다. 원형의 내부는 마중 나온 어머니 품처럼 넉넉하다. 어머니는 하얀색 옥양목 치마저고리 차림이다. 누구든지 품에 안아 줄 듯이 두 팔을 활짝 벌리고 서 있다. 그래서 강릉역은 늘 포근하다.

역은 2018 평창 동계올림픽 때 새로 태어났다. 오랜 세월 동안 네모였던 것이 행사 덕분에 둥근 모양으로 바뀌었다. 올림픽 개막 직전 강릉선 KTX가 개통되었다. 마치 5대륙 올림픽 정신이 하얀색 강릉역에 모여 하나가 되는 듯했다. 이제 바다는 큰 도시와 멀지 않다. 복잡한 도시 사람은 마음만 먹으면 두 시간 안에 경포 바다에 닿을 수 있다.

한 해에 몇 번씩 기차역에 간다. 기차를 타러 가기도 하지만, 맞으러 가는 경우가 더 많다. 그럴 때마다 나는 소풍 가는 아이가 된다. 먼저 가족을 만나는 일에 설렌다. 집에서 맞이하는 만남도 좋다. 그러나 사람의 물결 속에서 반가운 얼굴을 찾는 일에 비할까. 또 하나는 강릉역이 지닌 묘한 분위기 때문이다. 그 분위기는 초등학교 때 본 영화 한 장면을 선명하게 불러낸다.

학교에서 단체로 영화를 보러 갔다. 영화 제목은 「공룡 백만 년」이었다. 거대한 공룡들이 온통 스크린을 채웠다. 지진으로 땅이 갈라졌고, 갈라진 틈으로 수많은 공룡과 사람이 빨려 들어갔다. 그런데 얼마 뒤 갈라진 땅에서 사람들이 올라왔다. 공룡은 흔적도 없고 사람은 살아남았다. 무척 신기했다. 오십 년이 지난 지금까지도 기억하는 장면이다.

기차가 도착하여 승객이 에스컬레이터를 타고 지상으로 올라

오는 모습은 기억에 남은 영화 속 장면과 흡사하다. 그 순간 나는 타임머신을 타고 유년의 뜰을 걷는다. 가족과 유년을 만나는 소중한 기다림의 장소가 강릉역이다.

누군가를 기다린다는 것은 삶의 한 부분을 그를 위해 비운다는 뜻이다. 나는 그곳을 기다림이 주는 '나눔의 터'라고 말하고 싶다. 내 삶의 일부를 비운다. 마음의 밭도 한두 고랑 남겨둔다. 그렇게 만든 '나눔의 터'에 애정이 뿌리를 내린다. 그건 서로 기댈 수 있는 이유와 용기가 된다.

기차로 강릉에 온 사람은 다시 그 기차를 타고 떠날 것이다. 이곳에서 소음과 공해와 혼란스러운 관계를 덜어내고, 깃털처럼 가벼운 마음으로 떠나길 빈다. 강릉이 허용한 '나눔의 터'에서 각자 아름다운 추억을 빚기를 소망한다.

어머니 같은 강릉역에서 기차에 오를 때는 커다란 선물을 받을 것이다. 어머니는 떠나는 이를 빈손으로 보내지 않기 때문이다. 집으로 돌아가 문 앞에 서면 알게 될 것이다. 어머니의 따뜻한 위로와 포옹이 선물처럼 따라온 걸 말이다.

때로 삶이 요동칠 때는 이 한마디를 기억하고, 기차에 오르면 좋겠다.

– 여기는 강릉역입니다. –

진솔한 이야기와 상상력의 콜라보로 펼치는 글의 무대

최남미
(수필가, 문학평론가)

김계월 수필가는 2022년 글로벌경제신문 시니어 신춘문예에 당선되면서 문단에 입문한 실력가이다. 그녀가 수필에 관심을 가지고 습작을 시작한 것은 2020년으로 만 3년밖에 안 되며, 등단한 지 만 2년이 안 된다. 하지만 45편의 수필을 모아 수필집을 낼 정도로 매우 성실한 자세로 치열하게 글쓰기를 하는 작가이다.

첫 수필집에 수록된 45편의 수필은 한 편도 빠뜨리지 않고 읽게 될 만큼 흡인력이 있으며 유려하다. 작품들은 각각 독립되어 있으면서도 유기적이다. 묘사하기, 상상하기, 카메라 아이(eye) 등 다양한 글쓰기 기법을 활용하여 창작한 수필은 호기심을 자극하여 몰입하도록 하는 힘이 있다. 특히 묘사와 상상의 기법을 입힌 진솔한 이야기는 글의 무대로 독자를 초대하는 역할을 톡톡히 한다. 관객이 되어서 무대를 바라보던 독자는 어느새 배우가 되어 글의 무대를 종횡무진 누비는 자신을 발견하게 된다.

이는 김계월 작가가 지닌 글의 색깔이며 매력이다. 첫 수필집 『떠나보낸 엘리제를 위하여』에 수록된 수필 45편을, '글로 그림을 그리다', '비우고 채우다', '시대를 이야기하다', '삶을 관조하다'로 구분하여 살펴봄으로써 작가가 지닌 글의 색깔과 매력을 음미해보고자 한다.

• **글로 그림을 그리다**

수필은 작가가 경험한 바를 바탕으로 하여 자기를 표현하는 글쓰기이다. 그러므로 설명적 진술로 글을 이끌어가는 것이 일반적인데, 이는 주인공 시점으로 창작을 하든 관찰자 시점으로 창작을 하든 마찬가지이다. 하지만 설명적 진술에만 치중하여 서사를 이끌어 가게 되면, 밋밋하고 지루한 글이 되기 쉬우므로 이를 보완하기 위해서 다양한 글쓰기 기법을 활용할 필요가 있다. 김계월 수필가는 이를 실천하는 작가이다.

김계월 수필가는 다양한 글쓰기 기법을 활용하여 수필을 창작함으로써 작품에 숨을 불어넣고, 흑백으로만 그려가던 작품에 색을 입혀서 생기를 불어넣는 재능을 지닌 작가이다. 특히 묘사의 기법을 적절하게 활용하여 독자에게 글 읽는 재미를 선사한다. 묘사의 기법을 활용하여 창작한 작품 한 편을 감상해 보겠다.

그는 조금 낡은 듯한 검은 털 코트를 입었다. 한 뼘 너비인 길쭉한 앞섶은 흰색으로 멋을 냈다. 미사를 집전하는 사제의 가슴에 내려뜨린 헝겊 띠처럼 고결함이 느껴졌다. 도톰한 하얀색 양말을 신은 발이 단정하고 경쾌하게 보였다. 입은 미소를 짓는 듯 살짝 벌어져 있었다. 벌어진 입 밖으로 삐죽하게 나온 연분홍색 혀가 장미 꽃잎을 닮았다. 까만 얼굴에는 좌우 대칭으로 흰 수염이 햇살 같이 뻗어 나갔다. 그걸 보면 세상살이에 대해 한마디쯤 거들 수 있는 나이가 되지 않았나 여겨졌다. 둥근 단추 모양 눈에 노랑과 청록이 섞여 늦가을 오후의 포근함이 묻어났다.

「사랑이라는 습관」 일부

인용한 텍스트만 읽으면 무엇에 대한 설명인지 짐작하기 어렵다. 다만, '흰 수염이 햇살 같이 뻗어 나갔다'는 문장으로 동물에 대한 설명임을 유추할 수 있다. 까망이는 작가의 아들이 현관문을 열어 놓았을 때, 슬그머니 방으로 들어와서 한 자리를 차지하면서부터 아들과 동거하게 된 길고양이다. 아들을 만나러 갔던 작가는 까망이와 처음 상면한다. 작가가 까망이의 모습을 묘사한 문장을 읽노라면, 한 번도 만난 적이 없어도 머릿속으로 채색화를 그릴 수 있다. 고양이의 모습을 묘사한 문장을 하나씩 읽을 때마다 궁금증이 증폭되는데, 이는 글에 몰입하게 하는 효과가 있으며, 한 글자도 빠뜨리지 않고 읽게 하는 힘이 된다. 기승전결 중 '기'에 해당하는 도입 부분에서 이러한 글쓰기 기법을 활용함으로써 독자의 상상력을 자극하여 긴 호흡으로 '결'에 해당하는 부분까지 읽게 만든다.

인용문을 통해서도 알 수 있듯 작가는 예리한 관찰력을 지니고 있다. 관찰력이 있어야만 남들이 발견하지 못하는 글감을 발견하게 되고, 남과 다른 글을 쓸 수 있다. 그러므로 관찰력은 작가들에게 있어 귀중한 자산이라고 할 수 있다. 관찰력이 있어야만 깊이 있는 탐색이 가능하고, 깊이 있게 탐색해야만 세세한 묘사가 가능하다. 하지만 작가는 묘사의 기법에만 천착하지 않는다. 자유자재로 비유법을 활용하는 것은 물론이고, 상상의 기법을 활용하기도 한다.

어른거리는 창을 보며 나는 상상의 나래를 편다. 도둑처럼 몰래 들어가 주인을 닮은 이불을 덮어준다. 텔레비전과 형광등을 끄고 노인의 막내딸이라도 된 듯이 태연하게 마당을 지나 대문 밖으로 나온다.

「그림자놀이」 일부

작가는 저녁 설거지를 마친 후 어둠이 내려앉은 골목길을 산책하다가 지붕 낮은 집 창에 비친 그림자를 보고 상상의 나래를 편다. 한 낱말이라도 놓친다면, 작가가 낯선 이가 사는 집으로 들어가서 실제로 한 행동이라고 착각할 수 있다. 작가가 작품에 활용한 상상의 기법은 묘한 긴장감을 불러일으킨다. 낱말 하나라도 놓치지 않으려는 긴장감, 내용을 정확하게 파악하고자 하는 긴장감, 어디까지가 상상이고 어디부터 실제인지 분간하고자 하는 욕구가 불러온 긴장감이다. 이러한 긴장감은 몰입하여 글을 읽게 하는 힘이 된다.

김계월 수필가는 새로운 글쓰기 기법을 수필창작에 활용하는 실험정신을 발휘하기도 한다. 작가는 박태원 소설가가 장편소설

『천변풍경』에서 이발소 사환 재봉이의 시선을 따라가는 방식으로 청계천 변에 사는 서민들의 삶을 이야기하는 카메라 아이(eye) 기법을 수필에 활용하기도 한다. 이러한 기법을 활용한 수필 「깐마늘색」을 감상해 보겠다.

깐 마늘의 색을 정하다가 집안에 그것과 닮은 색이 또 없을까 하는 호기심이 발동했다. 냉장고에 넣어 둔 콩물이 비슷하다. 불린 콩을 살짝 익혀서 믹서로 갈아 놓은 것이다. 국수를 삶아 콩물을 붓고 오이채와 토마토를 곁들인다. (중략) 오래전에 읽고 내팽개쳐서 벽이 된 책도 깐마늘색으로 변했다. 『그린게이블즈 빨강머리 앤』이다. 종이 색은 변해도 앤 셜리의 따뜻한 가슴과 이웃 사람들의 정겨운 이야기 소리는 여전히 책꽂이에 남아 있다. (중략) 식탁 상판 대리석도 깐마늘색이다. 가족은 식탁에 마주 앉아 밥을 먹고 차를 마시며 일상을 나눈다. 가구 중에 서로 눈빛을 보며 마음을 읽을 수 있도록 도와주는 것으로는 그것만 한 것이 없다. 식탁은 집 안의 역사를 고스란히 기억한다. (중략) 먼 훗날 마늘 까듯이 식탁을 뒤집으면, 낡고 금이 간 대리석과 빛바랜 나무다리 구석구석에서 울고 웃으며 보낸 이야기가 먼지처럼 빠져나올 것이다.

「깐마늘색」 일부

작가는 부모님이 수확하여 보내준 마늘의 껍질을 벗기면서 '깐마늘색'이라는 명사를 만든다. 그러다가 자신이 존재하는 공간에서 '깐마늘색'과 닮은 색을 찾기 시작한다. 손으로는 마늘껍질을 벗기는 작업을 하면서 시선은 마치 카메라가 이동하면서 사물을 비추듯 주변을 탐색하기 시작한다. 그리고 콩물, 책장에 꽂혀 있는 빛바랜 책의 종이, 식탁 상판 대리석에서 '깐마늘색'을 발견하고, 발견한 사물과 관련된 삶을 드러냄으로써 깐마늘색을 지닌 존재들에게 의미를 부여한다.

이상에서 살펴본 바와 같이 김계월 수필가는 예리한 관찰력과 호기심을 자극하면서 세세하게 묘사하는 능력, 눈앞에 펼쳐진 부분을 통해 이면에 존재할 수도 있는 부분까지 상상력을 발휘하여 이야기를 풀어나가는 능력, 늘 마주치는 익숙한 사물을 카메라를 따라가며 훑어보는 방식의 글쓰기 기법을 통해 주의를 환기시키는 능력을 발휘한다. 이러한 능력을 바탕으로 창작한 수필은 글로 그리는 한 편의 그림이다. 김계월 수필가를 한마디로 정의한다면, '글로 그림을 그리는 작가'라고 명명할 수 있을 것이다.

• **비우고 채우다**

수필은 작가가 경험한 일을 정제된 언어로 재진술하는 동시에 비우는 작업을 동반해야만 하는 글쓰기이다. 자기 체험적이며 자기 고백적인 성격을 지닌 수필은 작가를 한 번도 만난 적이 없다 할지라도 수필을 통해 작가의 면면을 짐작하는 것이 가능한 특징을 지니고 있다. 이를 통해서 수필은 작가의 성격이나 가치관, 삶의 태도가 가장 잘 드러나는 문학 장르임을 알 수 있다.

이러한 특징을 지닌 수필에서 비우고 채우는 작업은 매우 심도 있게 이루어져야 한다. 작가가 글감을 발견한 후 주제를 정하고 글을 풀어나갈 때, 과하게 욕심을 부리다 보면, 아무리 좋은 글감이라 할지라도 신변잡기에 머무르는 글이 되기 쉽다. 또한, 너무 많은 이야기를 담다 보면 주제가 불분명한 글로 전락하게 된다. 한마디로 '과유불급'이 되는 것이다.

김계월 수필가는 비움과 채움의 균형점을 잘 찾는 작가이다. 작가는 감정을 격하게 표현하거나 자신을 과하게 드러내지 않으면서 정제된 낱말을 사용하여 담담하게 이야기를 풀어나간다. 작가의 작품은 깔끔하며 단아한 느낌을 준다. 작품을 읽다 보면 군더더기가 전혀 느껴지지 않는데, 이는 독자에게 편안함을 선사한다. 또한, 수필의 형식적인 측면뿐만 아니라 내용적인 측면을 통해서도 작가가 비우기와 채우기를 실천하는 인물임을 알 수 있다. 이렇듯 수필은 작가의 내적, 외적인 모습을 표상하는 실체인 셈이다. 비우기와 채우기의 균형 잡힌 모습을 보여 주는 수필 한 편을 감상해 보겠다.

> 화장실이 얼마나 훌륭한 감상실이 될 수 있는지 처음 알았다. 곡은 욕조에 물이 차오르듯이 좁은 공간을 채웠다. 쇼팽의 「즉흥환상곡」이 이어졌다. 깜깜한 화장실에서 천재 음악가를 만나는 기분이 어떤지 아는 사람은 별로 없을 것이다. (중략) 나는 피아노를 배우겠다는 계획을 수정했다. 「엘리제를 위하여」를 떠나보내기로 마음먹었다. 듣는 사람이 되기로 했다. 연주가들의 연주를 감상하고 내 안의 울 림을 느끼는 것도 연주의 한 부분이라는 생각을 했다.
>
> 「떠나보낸 엘리제를 위하여」 일부

작가는 초등학교 시절 단짝 친구가 피아노를 배우러 다니는 것을 보고 부러워한다. 하지만 가정형편 때문에 피아노 학원은 언감생심 꿈도 꿀 수 없었으므로 선풍기 버튼을 피아노 건반처럼 누르며 놀고, 교실에 있는 풍금을 치기 위해 교실 열쇠 당번을 도맡아서 한다. 중년에 접어들었으나 여전히 연주자에 대한 꿈을 놓지 않고 지내던 어느 날, 이웃에서 들려오는 피아노 소리에 매료된다. 작가는 소리를 잘 들을 수 있는 곳을 찾아 집안 벽 곳곳에 귀를 갖다 댄다. 피아노 연주를 제대로 감상할 수 있는 적합한 장소를 발견한 작가는 그곳에서 음악 감상을 한다. 깜깜한 화장실에서 피아노 연주를 감상하던 작가는 연주자에 대한 꿈을 내려놓고, 감상자가 되기로 계획을 수정한다. 비움으로써 채우는 것이 가능하게 된 것이다.

작가는 비움과 채움을 실천할 수 있는 내면의 공간을 자연으로 확장한다. 작가는 아침 식사를 마치고 보온병에 커피를 담아 자전거에 싣고 집을 나선다. 강릉 초당동 고택과 소나무 숲길을 지나서 교산교를 건너 경포호수에 도착한 작가는 숨바꼭질하는 아이들의 조형물이 있는 곳에 머무르면서 자연과 합일되는 느낌을 받는다. 작가는 이곳을 「숨바꼭질 정원」이라고 이름 짓고, 재산 3호로 등록한다.

> 자연은 인간의 눈빛을 외면하지 않는다. 아무리 오래도록 그 앞에 멈추어 서서 말을 걸어도 거북한 기색이 없다. 새의 눈빛은 무심한

듯 인간을 향한다. 숲에서, 물 위에서, 하늘에서 작은 눈으로 섭섭지 않을 만큼 눈길을 보낸다. 자신의 이야기를 원 없이 풀어놓고 싶은 사람은 자연과 친해져야 한다. 자신을 바라보는 눈빛이 그리운 사람도 먼저 자연으로 달려가야 한다. (중략) 나는 숲과 호수에 안겨 고단함을 내려놓는다. 커피를 마시며 헝클어진 일상을 정리하고 시끄러운 속을 달랜다. 멈춘 듯 살아 움직이는 자연의 방법을 배워 내일로 달려갈 힘을 얻는다. 집으로 돌아오는 길에 힘차게 다리를 저으며 허공에 대고 자랑을 했다. 고택과 호수와 공원을 내 것으로 만든 나는 엄청난 부자라고.

「숨바꼭질 정원」 일부

작가는 자신이 이름 지어준 '숨바꼭질 정원'을 보면서 인상파 화가 모네가 조성한 지베르니 정원을 떠올린다. 작가는 '모네는 자연에 솜씨를 더해서 행복했고, 나는 스스로 아름다운 자연에 반해서 즐겁다는 차이가 있을 뿐이다. 이렇게 자연과 사람은 특별한 인연으로 기대고 산다.'고 말한다. 작가는 마음을 비운 자리를 자연으로 채우는 삶의 태도를 지향한다. 자전거를 타고 지나는 길에 만나는 초당동 고택을 재산 목록 1호로, 경포호수를 재산 목록 2호로, 숨바꼭질 정원을 재산 목록 3호로 정하고, 스스로를 엄청난 부자라고 자평한다. 그 누구의 소유도 아닌 자연을 재산 목록에 올리는 작가의 태도를 통해 비움으로써 채우는 삶을 추구하는 작가의 가치관을 엿볼 수 있다. 물질적인 잣대로 평가하지 않는다면, 이러한 삶의 태도를 견지하는 작가는 부자임에 틀림이 없다.

• 시대를 이야기하다

일부 수필가들은 수필이 자기 고백적이며 자기 체험적인 글이라는 특징을 내세워서 사회나 시대의 아픔을 외면하고, 개인적인 경험과 정서에만 한정하여 글쓰기를 하는 경향이 있다. 개인적인 경험이라 하더라도 사람들이 관심을 보이는 문제로 사고를 확장하여 글을 전개하려는 노력이 필요하다. 우물 안 개구리처럼 자신의 세계에만 머물러 있는 수필은 독자들의 욕구를 충족시키지 못하기에, 수필의 양적인 성장에 비해 질적인 성장이 미흡하다는 평가를 받게 되었다. 그런데 근래 들어 사회 문제로 시선을 돌리고 비판적 사고를 드러내는 수필을 발표함으로써 객관성을 확보하려는 움직임이 전개되고 있다.

김계월 수필가도 이러한 움직임에 동참한 수필가 중 한 명이다. 작가는 환경문제, 전 세계를 공포에 휩싸이게 했던 코로나 19, 2022년 2월에 러시아가 우크라이나를 침공하면서 발발하게 된 전쟁을 글감으로 삼아, 자신이 인식하게 된 시대의 아픔을 담담하게 이야기한다.

> 2022년 말, 우크라이나 검찰청이 개전 후 민간인 피해 내용을 발표했다. 사망자 8천 3백 명, 부상자 1만 1천 명에 달했다. 전쟁 규모를 가늠할 수 있는 수치이다. 뉴스를 접하며 고통을 견뎌야 할 사람들 생각에 가슴이 먹먹했다. 먼 나라에서 벌어지는 일이다. 포성 한 번 들은 적 없고, 전쟁에 나간 피붙이도 없다. 그렇다고 그들의 죽음과 이별과 상실에 대해 무관심할 수 있겠는가.
>
> 「망각을 지우는 계절」 일부

작가는 텔레비전 뉴스를 보다가 먼 나라에서 발발한 전쟁을 전하는 보도사진 한 장과 만나게 된다. 작가는 사진에는 담기지 않은 이들의 고통을 떠올리고 가슴 아파한다. 폭격으로 다리를 잃고 고통 속에서 엄마를 부르는 병사와 트럭 핸들을 잡은 채 교각 아래로 추락해 목숨을 잃은 청년, 폐허가 된 학교와 병원 등. 작가는 '전쟁은 왜 시작되는지, 누구를 위한 것인지, 반드시 치러야 하는 전쟁은 있는지' 묻는다. 그러면서 전쟁으로 인해 불타버리고 사라져간 젊음에게 애도를 표하고, 한국전쟁을 떠올리며 전쟁을 경험한 부모님 세대에 대한 연민을 드러낸다.

이러한 타자에 대한 연민은 전쟁으로 고통받는 사람들에게만 한정되지 않으며, 심리적 어려움을 겪고 있는 사람들에게도 같은 무게로 표현된다.

> 사람들 마음에 들어차는 미세먼지를 측정하여 외부에 알려주는 장치가 있으면 좋겠다. 사막의 모래바람같이 덩치가 커지기 전에 외부에 농도를 알려주면 된다. 그러면 우울의 강에서 허우적대는 일은 줄어들 것이다. 무엇이든 필요가 있으면 만들어내는 인간이다. 머지않아 지문 하나로 마음을 알아채 핸드폰에 있는 지인들에게 전송하는 기술이 나오리라 기대한다. 전송된 내용을 보고 서로 만나서 상대의 고민을 들어주고 위로할 수 있지 않을까. 개개인의 미세먼지 신호등에 빨간불이 들어오면 얼른 바다에 달려오는 것도 좋겠다. 하늘과 바다가 하나된 해변에 앉아 먼지를 날려버리는 건 어떨지.
>
> 「미세먼지 신호등」 일부

작가는 미세먼지가 바다와 하늘을 덮은 현상을 보고, 이상 기후로 인해 사람들이 겪는 불안을 떠올린다. 2021년부터 일부 지자체에서 설치하기 시작한 미세먼지 신호등처럼 사람들 마음에도 미세먼지를 측정하여 외부에 알려주는 장치가 있으면 좋겠다는 의견을 말한다. 사람은 홀로 살아갈 수 없다. 서로 어울려서 서로의 고민을 들어주고 서로를 위로하면서 살아야만 건강한 삶을 영위할 수 있다. 작가는 미래에는 과학기술이 더욱 발전하여 내면을 뒤덮는 우울을 지인들에게 전송하는 기술이 나올 거라는 기대를 한다. 우울을 겪는 사람들은 무기력해져서 사람들과 관계를 끊고, 자기만의 세계에 자신을 가둔 채 은둔자처럼 생활하는 경향이 있다. 그런데 작가가 상상한 바대로 기술이 발전하여 주변 사람들에게 자신이 처한 심리적 어려움을 알려준다면, 지인들의 도움을 받아서 자기만의 세계를 탈출할 수 있을 것이다.

작가는 심리적 어려움을 겪는 사람들의 아픔을 치유할 수 있는 해결책으로 하늘과 바다를 추천한다. 이처럼 자연이 건강한 삶을 회복시켜주는 역할을 할 수 있다고 믿는 것은 타자에 대한 연민과 따뜻한 시선, 자연에 대한 애정에서 비롯되었다고 할 수 있을 것이다. 작가는 뉴스 보도를 통해 접하게 된 지구상의 아픔을 따스한 시선으로 탐색하면서 인식한 바를 담담하게 이야기한다. 작가의 이러한 자세는 휴머니즘이 바탕이 된 것으로, 이는 수필가가 지녀야 할 덕목 중 하나이다. 김계월 수필가는 따뜻한 인간미를 지닌 작가이다. 그렇기에 시대의 아픔을 이야기하는 작가의 작품에서조차 따뜻한 온기가 느껴진다.

• 삶을 관조하다

피천득은 자신의 작품 「수필」에서 '수필은 마음의 산책이다. 그 속에는 인생의 향취와 여운이 숨어 있는 것이다.'라고 하였다. 피천득이 수필에 대해 내린 정의를 통해서도 알 수 있듯 수필은 마음 산책을 하는 것처럼 삶을 되돌아보면서 자신의 경험과 정서를 녹여내는 글쓰기이다. 수필가가 치유에 이르기 위해서는 자기 고백, 즉 자기개방을 해야 한다. 그런 다음 자신의 작품을 객관적인 입장에서 들여다보면서 심층적인 부분까지 탐색했을 때, 자기이해와 자기성찰이 가능해진다. 이러한 과정을 통해 삶을 관조하는 경지에 이르게 되는 것이다.

김계월 수필가의 수필 45편에는 삶을 관조하는 작품이 다수 존재한다. 작가는 자연의 모습에서 인간이 추구해야 할 진리를 도출해내고, 이를 담담한 필체로 전함으로써 잔잔한 감동과 교훈을 안겨준다. 자신이 깨달은 바나 자신이 추구하는 삶의 태도를 목소리를 높여 주장하거나 강요하지 않기에 작가가 발견한 삶의 진리는 거부감없이 독자들의 마음을 움직이는 역할을 한다. 자연의 이치를 발견하고, 삶을 관조하는 단계에 이르는 모습을 보여주는 작품 한 편을 감상해 보겠다.

복잡하지도 않다. '인간은 인간답게 살라'는 쉽고 간단한 말이다. 길섶에 핀 민들레는 민들레답다. 산을 지키는 소나무는 소나무답다. 쏟아지는 햇빛을 온몸으로 받는 바다가 여름 계곡의 시원한 물줄기를 탐한 적이 있던가. 자연은 언제 나 자연답게 흘러간다. 거기 기댄 인간이 인간다워지는 길은 자연의 본성을 따르는 것이 아닐까 싶다.

「존경해요, 꼬꼬댁」 일부

작가는 초등학교 4학년 때 만난, 책 속 위인들의 이야기를 시작으로 글을 시작한다. 작가는 바람, 길섶에 핀 민들레, 소나무, 햇빛, 계곡 등 자연을 보면서 '~답게'라는 이치를 깨닫고, 인간다워지는 길은 자연의 본성을 따르는 것이라는 진리를 도출한다. '~답게' 산다는 말은 단순하고 쉬운 것 같지만, 실제로는 매우 복잡하고 어려운 일이다. 끊임없이 자신을 견제하고 되돌아보며 성찰하는 자세를 취해야만 가능한 일이다. 작가는 암탉이 나무판자 사이에 끼어있는 병아리를 구하기 위해 필사적으로 몸을 던지는 모습을 보고, '짐승보다 못한 인간'이라는 말을 '짐승에게 배워야 할 인간'이라는 말로 대신하면 어떻겠냐는 의견을 제시한다. 그리고 '인간은 인간답게 살아야 한다'는 말로 글을 마무리한다.

작가가 자연의 모습과 암탉이 보여 준 모성애를 보면서 성찰을 하고, 삶을 관조할 수 있는 단계까지 나아갈 수 있도록 한 밑거름은 무엇일까? '일찍 집을 떠나지 않았다면 나는 어떤 삶을 살았을까.'라고 한 작가의 말에서 힌트를 얻을 수 있다. '길 위에서 자란다'는 말이 있다. 작가는 중학교 때, 신문에 실린 흑백 사진 한 장을 만난 뒤 신문에 실린 고등학교에 진학하겠다는 목표를 세운다. 그리고 남몰래 시험 준비를 해서 원하던 학교에 입학한다. 십 대인 딸을 먼 타지로 유학 보내는 일을 결정하기가 쉽지 않았겠지만, 부모님은 딸의 의사를 존중해준다.

이러한 부모님의 지지는 취업이 코앞에 닥친 대학생일 때도 변함없이 유지된다. 작가의 어머니는 작가가 취업 준비를 미루면서까지 오르려고 했던 무대에서 원 없이 열정을 쏟을 수 있도록 응원과 지지를 보낸다. 어머니는 딸이 들려주는 연극 작품의 줄거리를 듣고, 읍내 오일장에서 천을 골라 배역에 어울리는 의상 두 벌을 만들어준다. 작가가 삶을 관조하는 경지에 이르게 된 것은 부모님의 응원과 지지를 받는 환경에서 성장하면서 바른 삶을 살기 위해, 자신의 삶에 대해 끊임없이 질문하고, 스스로 답을 구하는 태도를 견지한 덕분일 것이다. 이러한 작가의 삶의 태도와 철학은 작품 곳곳에 고스란히 담겨 있다.

지금까지 김계월 수필가의 첫 수필집 『떠나보낸 엘리제를 위하여』에 수록된 작품을 살펴보면서 작가의 수필세계를 음미해보았다. 김계월의 수필은 진솔한 이야기와 상상력이 만나 콜라보로 글의 무대를 펼친다. 작가의 작품은 간결하면서도 깊이가 있고, 단아하면서 유려하다. 또한, 긴장감과 호기심을 자극하는 매력이 있으며, 인간미가 느껴진다. 작가의 삶의 태도와 철학이 녹아있는 작품을 읽다 보면, 수작(秀作)이 펼치는 향연에 초대되어 융숭한 대접을 받는 느낌이 든다.

좋아하는 작가의 빼어난 작품들을 접하고 평할 수 있어서 매우 기쁘다. 수필집 『떠나보낸 엘리제를 위하여』 출간을 축하하며, 좋은 수필가로서 더욱 성장하기를 바라는 마음을 담아 응원과 지지를 보낸다.

떠나보낸 엘리제를 위하여

발행일 2023년 10월 27일

지은이 김계월

발행인 강병욱
발행처 도서출판 교음사

03147 서울 종로구 삼일대로 457 수운회관 1308호
Tel (02) 737-7081, 739-7879(Fax)
e-mail : gyoeum@daum.net
등록 / 제2007-000052호

* 잘못된 책은 바꿔 드립니다. 값 13,000원

ISBN 978-89-7814-942-6 03810

- 이 책은 강원특별자치도, 강원문화재단 후원으로 발간되었습니다.